# Ser PLENA

CB069854

# Ser PLENA

Copyright© 2020 by Literare Books International
Todos os direitos desta edição são reservados à Literare Books International.

**Presidente:**
Mauricio Sita

**Vice-presidente:**
Alessandra Ksenhuck

**Capa:**
Rebeca Santos de Oliveira

**Diagramação e projeto gráfico:**
Gabriel Uchima

**Revisão:**
Rodrigo Rainho

**Diretora de projetos:**
Gleide Santos

**Diretora executiva:**
Julyana Rosa

**Relacionamento com o cliente:**
Claudia Pires

**Impressão:**
Noschang

---

**Dados Internacionais de Catalogação na Publicação (CIP)**
**(eDOC BRASIL, Belo Horizonte/MG)**

L533s  Leite, Wanicleide.
   Ser plena / Wanicleide Leite. – São Paulo, SP: Literare Books International, 2020.
   14 x 21 cm

   ISBN 978-85-9455-253-2

   1. Autorrealização. 2. Bem-estar. 3. Sucesso. I. Título.
   CDD 158.1

**Elaborado por Maurício Amormino Júnior – CRB6/2422**

---

Literare Books International
Rua Antônio Augusto Covello, 472 – Vila Mariana – São Paulo, SP
CEP 01550-060
Fone/fax: (0**11) 2659-0968
site: www.literarebooks.com.br
e-mail: literare@literarebooks.com.br

WANICLEIDE LEITE

## DEDICATÓRIA

A todas as mulheres PLENAS que estão fazendo a diferença nas suas vidas e nas de suas famílias.

Em memória à minha mãe, que foi um exemplo de mulher/mãe, pois conduziu com sabedoria a vida dos seus 13 filhos e diversos netos. E em memória ao meu pai, exemplo de homem forte e um bom senso de humor extraordinário.

Aos meus 12 irmãos, mais especialmente às minhas sete irmãs pelo aprendizado e parceria, por desfrutarmos do mesmo aprendizado de dores e alegrias, e aos meus cinco queridos irmãos, pela paciência de ouvir tantas mulheres falarem ao mesmo tempo.

Ao meu marido Paulo, meu filho Walter e minha nora Michelle.

Às minhas queridas filhas Roberta e Victória, por serem meus preciosos, presentes de aprendizado.

WANICLEIDE LEITE

## AGRADECIMENTOS

Agradeço a Deus Pai Todo Poderoso e a Jesus Cristo, meu Único, Suficiente e Eterno Senhor e Salvador.

À minha querida mestra e amiga Dra. Christine Rose, pelos valiosos cursos de Capacitação Sexual e Educação Sexual, e também pelas supervisões que recebi no início da minha carreira, gratidão por sua amizade.

À minha assistente Rebeca Oliveira, que é uma gigante nessa realização.

À Antônia Guedes, por sua dedicação que me acompanha nas últimas três décadas.

WANICLEIDE LEITE

# PREFÁCIO

Hoje ficou "natural" esquecer de fazer coisas que nos interessam e perder de vista o que é importante para o nosso "Eu".

O segredo da saúde, mental e corporal, está em não se lamentar pelo passado, não se preocupar com o futuro, nem se adiantar aos problemas, mas viver sábia e seriamente o presente.

Fiquei muito feliz ao ser convidado para prefaciar este livro, até por que ele faz parte do grande projeto SER PLENA. Nestas páginas, A Dra. Wanicleide faz um convite sem igual às mulheres. A escritora deixa para trás todos os clichês e frases prontas. Faz uma análise dos seus 27 anos como médica obstetra. Relembra coisas marcantes da sua infância, e de todas as vezes em que sentiu a necessidade de se reinventar, e não foram poucas.

Isso, tudo junto e misturado, muito pesquisado, analisado e experimentado, permitiu que ela entendesse como poderia mostrar às mulheres os caminhos para uma vida equilibrada e plenamente feliz.

Está claro que as mulheres se questionam cada vez mais sobre a vida que estão levando, os sonhos não realizados, a felicidade idealizada, e as frustrações constatadas. Mas a mulher tem tomado consciência de que apenas se lamentar não ajuda.

As leitoras perceberão que a escritora motiva reflexões com o objetivo de despertar a ressignificação das suas vidas, afinal viver uma vida digna, prazerosa, e ser plena é mais do que um direito do qual ela não deve abrir mão, mas uma obrigação.

## WANICLEIDE LEITE

O projeto SER PLENA, que se completa com este livro, representa uma valiosa contribuição para que a mulher identifique seu ponto de inflexão, resgate sua essência e decida mudar, com a certeza de que há uma vida melhor esperando por ela. A ajuda para que as mudanças aconteçam está nas páginas seguintes. Seja bem-vinda! Não abra mão de começar a escrever uma nova história para a sua vida. Boa leitura!

**Mauricio Sita**
Mestre em Psicanálise Clínica e presidente da Literare Books International.

WANICLEIDE LEITE

## APRESENTAÇÃO

Desde criança sinto uma inquietação para realizar algo relevante e que faça a diferença no mundo, e foi assim que descobri o meu propósito de vida: trazer para as mulheres uma ferramenta que possa fazer a diferença em suas vidas.

Você tem em suas mãos um livro que vai mudar a sua percepção de vida de uma forma extraordinária e, ao terminar esta jornada, você descobrirá que sua vida jamais será a mesma.

Desfrutar de uma vida plena é o desejo da maioria das pessoas, porém conseguir isso é um grande desafio.

Persegui esse desejo por 50 anos, até que um dia parei e disse para mim mesma: "O que estou fazendo comigo? Trabalho todos os dias, cuido dos filhos, da casa, do marido, planejo e atinjo minhas metas, mas sempre estou esperando o amanhã para ser feliz". E me perguntava: "Onde está essa vida plena que tanto busco?". E descobri que era apenas uma questão de percepção. Estava ali na minha frente, dentro das coisas que eu já estava fazendo.

Nesta jornada, convido você, mulher, a parar por um momento e se dedicar a esta leitura, que trará para você uma nova percepção de si e também uma grande reflexão sobre a sua história vivida até hoje, e, diante do que você encontrar, poder ressignificar os acontecimentos e contar uma nova história para você mesma e para o mundo. Quero encorajá-la a continuar a leitura, pois esta obra não se trata de mais um livro de autoajuda motivacional com clichês, conteúdos rasos e promessas que irão fazer você mudar em um estalar de dedos. O que está escrito aqui foi vivenciado por mim e já transformou a vida de centenas de mulheres que já participaram das minhas palestras, cursos e treinamentos.

O que ensino com este trabalho é a possibilidade de você, mulher, entrar em contato com a sua história e revisitar a sua infância, pois foi lá que sua autoestima e sua autoimagem foram construídas; e em um processo de visualização, observando, ouvindo e sentindo as cenas daquela época, sua mente subconsciente se prepara para trazer para o consciente as lembranças e os conteúdos que justificam a forma como você vive hoje, como se expressa e como lida com suas emoções.

No treinamento SER PLENA, a mulher tem a oportunidade de experimentar emoções antes não conhecidas por meio das vivências realizadas durante o processo – aqui neste livro, eu ofereço a você o acesso ao embasamento teórico, às bases científicas do treinamento e às ferramentas práticas.

Venha comigo nesta jornada, pois garanto que, apesar de muito profunda, também será bastante divertida!

**Para começar, vou falar um pouco de mim:**

Nasci em Fagundes, uma cidade pequena, no interior da Paraíba, sou filha de uma família de 15 irmãos, em que sobreviveram 13 filhos, e devido à realidade da época e do lugar, ter falecido apenas duas crianças foi um verdadeiro milagre, pois a taxa de mortalidade infantil no século passado era muita elevada, principalmente no Nordeste.

Era comum, nas famílias numerosas, os filhos mais velhos cuidarem dos filhos mais novos. Fui alfabetizada aos 9 anos e, aos 18, passei no vestibular para Medicina da Universidade Federal da Paraíba, em Campina Grande, onde estudei durante seis anos.

Fui morar em João Pessoa para fazer a residência médica em Ginecologia e Obstetrícia, nessa época já estava casada e já tinha a minha filha Roberta. Após a residência, fui para a cidade de São Paulo para realizar o tratamento de reabilitação da minha Roberta, que nasceu com o quadro de paralisia cerebral e aos dois anos de idade ainda não tinha o controle de cabeça e tronco, não falava e apresentava um difícil prognóstico de sobrevivência. Em 1993 consegui um estágio na USP em gravidez de alto risco e, concomitantemente, um tratamento para a minha filha. Passamos uma temporada, tempo suficiente para Roberta retornar para João Pessoa falando e com o controle da cabeça, e eu aproveitei para fazer o TEGO (Título de Especialização em Ginecologia e Obstetrícia) pela Federação Brasileira das Associações de Ginecologia e Obstetrícia (Febrasgo). Com todo o meu conhecimento sobre gravidez de alto risco, estava pronta para começar a minha carreira em consultório, no qual atuo há 27 anos.

Nessas quase três décadas, muitos acontecimentos importantes marcaram-me a nível pessoal e profissional. Na minha jornada pessoal, aconteceu o meu primeiro divórcio, aos nove meses de vida de minha filha Roberta. Em seguida aconteceu o segundo casamento, que teve a duração de 13 anos e gerou o meu filho Walter, que hoje é médico e um homem valoroso. Aos 40 anos fiz a minha primeira revolução: decidi me separar, em concordância com o pai do meu filho, e continuamos sendo bons amigos. Dois anos depois eu conheci o meu marido Paulo, namoramos, noivamos, adotamos a nossa filha Victória, casamos e estamos juntos há mais de uma década.

Profissionalmente tive muitas emoções. Posso dizer que a Obstetrícia trouxe muitas realizações. Não consigo quantificar o número de partos que realizei, mas todos foram igualmente importantes. Teve um que considero o mais desafiador e que me trouxe maior aprendizado, que foi o parto dos quíntuplos, em 4 de setembro de 2003, no qual liderei uma equipe de 12 profissionais, que se juntaram a mim para esse grande feito. Hoje, Rafael, Gabriel, Pedro, Lucas e Mariana são adolescentes saudáveis e eu sou grata pela oportunidade de ter sido instrumento usado por Deus para trazer a vida daquelas crianças. Aprendi com essa experiência que "Deus está no comando de Tudo, e Tudo foi feito por Ele, e para Ele todas as coisas são feitas" (Colossenses 1:16-17).

Os 40 anos da vida de uma mulher, sem dúvida, é um divisor de águas. Nessa época me interessei em aprender mais sobre a sexualidade humana e fui me especializar. Conquistei o título de sexóloga pela Febrasgo e AMB, fiz pós-graduação em Psicologia Clínica com Análise Bioenergética e também em Psiquiatria, além de outros cursos na área do desenvolvimento humano, como Master Coach da Febracis, MasterMind e Processo Hoffman.

**Ser PLENA**

A medicina foi e continua sendo a minha grande missão, e o meu trabalho como ginecologista e terapeuta sexual tem me capacitado e incentivado a ir mais além, e dessa forma recebi em maio de 2013 o convite para ser colunista de saúde do quadro Papo Íntimo, do programa Bom Dia Paraíba, da TV Cabo Branco, emissora afiliada da Rede Globo, no qual semanalmente apresentamos uma temática relacionada à saúde e ao comportamento da mulher e também tiramos dúvidas de temas livres nas manhãs das sextas-feiras.

Aos 50 anos, tive a minha segunda revolução, mas dessa vez foi para oferecer para as mulheres tudo que estava dentro de mim. Comecei a formatação da metodologia SER PLENA. Um projeto idealizado por mim em formato de palestra, workshop e treinamento, que já está fazendo a diferença na vida de muitas mulheres e, consequentemente, de muitas famílias. Como pode-se ver nos relatos de participantes:

## WANICLEIDE LEITE

"Participar do Ser Plena me fez olhar com profundidade para minha história de vida e meus sentimentos, o que me ajudou a compreender meu comportamento e atitudes em relação ao que eu penso sobre mim mesma, ao que eu sinto e quem realmente eu sou! O treinamento é simplesmente sensacional. É uma mudança de vida!"

**(Lília Alves, consultora de *marketing* pessoal e empresarial)**

"A minha participação no treinamento SER PLENA foi motivo de alegria e uma grande oportunidade de crescer interiormente com os ensinamentos compartilhados pela Dra. Wanicleide Leite, que é uma profissional muito capacitada e iluminada. Ela conseguiu encantar a todas as mulheres com o excelente conteúdo apresentado."

**(Conceição Morato, funcionária pública aposentada e empresária)**

"O SER PLENA é propiciador de uma verdadeira imersão que fazemos intrinsecamente, causadora de um empoderamento, a tal ponto que gera resultados revolucionários em todas as mulheres que têm o privilégio de experimentar se sentir "dona de si". É a ratificação das sábias palavras de Sócrates: 'Conhece-te a ti mesmo'. E parodiando-o, terás autoconhecimento, autoconfiança, autocontrole e autoestima, PLENITUDE!"

**(Gicelle Alcântara, funcionária pública e psicóloga)**

"Ser mulher em pleno século XXI não é tão fácil, principalmente quando refere-se às múltiplas atividades do cotidiano. Com isso, faz-se necessário e basilar termos alguém que nos conduza, seja nossa mentora e, sobretudo, possua uma postura de empoderamento frente às dificuldades enfrentadas por esse gênero. Com a doutora Wanicleide encontrei apoio e diretrizes condizentes com a minha realidade, instruções que perpassam pelas mais diversas áreas de minha vida, possibilitando-me uma reflexão e uma consequente mudança de olhar sobre quem sou e como construir uma vida melhor."

**(Marília Bezerra, designer de interiores e empresária)**

"O curso SER PLENA é um marco para todas as mulheres que querem um direcionamento nas suas atitudes em todas as áreas da sua vida, é um grande elemento motivador, além de tratar a mulher na sua essência! Recomendo para todas as faixas etárias. Para mim, foi de grande valor para o alinhamento do meu *mindset*, corrigir direções e confirmar o que estava correto."

**(Marisa Sampaio, empresária, educadora sexual e palestrante)**

"Às vezes, nós mulheres somos levadas pela correnteza da rotina, sem nos dar conta de que a vida passa rápido demais para a gente não aproveitar cada momento como se fosse único. Participar do SER PLENA, com a competente e inspiradora doutora Wanicleide Leite, é tomar uma chacoalhada daquelas que nos fazem acordar, levantar com mais energia e querer fazer o melhor em cada dia que começa. E o que é melhor: tendo a consciência de que é preciso (e possível) ser feliz e plena em todas as áreas da vida. Só assim chegaremos no fim da jornada com o sentimento lindo de dever cumprido. Tenho certeza que cada mulher que já participou do SER PLENA passou a encarar a vida com mais coragem!"

**(Débora Cristina, jornalista e chefe de redação)**

"No treinamento SER PLENA pude refletir e me conectar com sentimentos e emoções guardados e bloqueados que precisavam vir à tona para me trazer um estado de consciência das minhas qualidades e forças como também do que eu preciso mudar para ter uma vida plena e feliz através de orientações, dinâmicas e ferramentas de uma forma simples e prática."

**(Simone Aguiar, empresária e contadora)**

## Capítulo 1
## SER PLENA É POSSÍVEL............29

- COMO TUDO COMEÇOU..........................................31
- "É POSSÍVEL SER PLENA!"......................................36
- MULTIPLICIDADE DE PAPÉIS DA MULHER.................37
- FORMAÇÃO DA AUTOESTIMA E AUTOIMAGEM..........39
- EMOÇÕES BÁSICAS DO SER HUMANO.....................42
- QUÍMICA DAS EMOÇÕES........................................48

## Capítulo 2
## UM PAPO ÍNTIMO SOBRE SEXO.......59

- AUTOCONHECIMENTO DO SEU CORPO (FISIOLOGIA E ANATOMIA DA MULHER).............64
- A HISTÓRIA DA SEXUALIDADE FEMININA...........75
- O QUE A MULHER PRECISA SABER SOBRE SEXO...................................................77

## Capítulo 3
## A DESCOBERTA..............................83

PROGRAMAÇÃO MENTAL...................................86
PADRÕES DE PENSAMENTOS............................93
MODELOS MENTAIS...........................................93
AUTOCONFIANÇA.............................................122
AUTOACEITAÇÃO..............................................133
AUTODOMÍNIO.................................................136

## Capítulo 4
## O CICLO DA SEMEADURA..............141

COMO FUNCIONA O CICLO.............................144
REPROGRAMAÇÃO MENTAL...........................148
PARADIGMAS X CRENÇAS X PRINCÍPIOS........149
AUTOCONHECIMENTO =
MUDANÇA DE PERCEPÇÃO............................163

## Capítulo 5
## RESSIGNIFICANDO A SUA HISTÓRIA......165
### SER PLENA NA ÁREA PROFISSIONAL.................174
### SER PLENA NA ÁREA FINANCEIRA....................176
### SER PLENA NA ÁREA SEXUAL...........................178
### AS DISFUNÇÕES SEXUAIS FEMININAS ..............180
### PROPOSTA DE EXERCÍCIOS BIOENERGÉTICOS NO TRATAMENTO DAS DISFUNÇÕES SEXUAIS........190

## Capítulo 6
## CONCLUINDO A JORNADA!..........201
### PERDÃO.........................................................204
### TÉCNICA PARA A LIBERAÇÃO DE PERDÃO.........206
### GRATIDÃO.....................................................208
### RESUMO........................................................212

# Capítulo 1

*"Toda mulher precisa desabrochar de dentro de si a mulher: poderosa, livre, elegante, nobre e amorosa... E assim ser plena!"*

## Capítulo 1
# SER PLENA É POSSÍVEL

## COMO TUDO COMEÇOU

Na manhã de 28 de agosto de 2014 acordei cedinho, como já é de costume, e percebi que era o dia do meu aniversário de 50 anos. Meio século já havia se passado e, para minha surpresa, eu era a mesma pessoa do dia anterior. Isso me causou um grande impacto e alguns questionamentos vieram à minha mente:

*"O que eu vim fazer aqui foi isso? Acordar, levantar cansada todos os dias porque não*

dormi bem, enfrentar a rotina diária de sair para trabalhar, levar filha para a escola, começar a jornada de trabalho, retornar para casa, pagar contas, esperar um feriadão, ouvir reclamação de tudo o dia todo..."

Imediatamente percebi que alguma coisa precisava mudar, então comecei a pensar:

"E se eu percebesse essa rotina de forma diferente, como seria? E se ao invés de acordar cansada eu passasse a agradecer por ter acordado e por ter uma filha saudável para levar para a escola? Que maravilha eu ter um trabalho onde pessoas me procuram para serem cuidadas! Que bacana eu ter contas para pagar e que os feriados são extraordinários, pois proporcionam o encontro com as pessoas e podemos fazer coisas novas e diferentes do habitual. E que privilégio o meu em ter a capacidade de ouvir as reclamações das mulheres, poder entender o que elas sentem e ainda conseguir ajudá-las."

Logo em seguida a esses pensamentos, senti uma energia muito intensa em todo o meu corpo e fui envolvida por uma onda de entusiasmo. Aquele dia parecia brilhar mais que todos os outros. E pensei: "Eu quero ter uma vida abundante e de plenitude! Mas, para alcançar isso, o que preciso fazer?"

Parei, pensei e muito rapidamente percebi que na minha vida eu estava desequilibrada em três áreas importantíssimas, e consequentemente essas áreas estavam puxando todas as outras para baixo. Coloquei todas as minhas insatisfações em um papel em branco e vi que estava com uma percepção totalmente distorcida nas áreas profissional, financeira e sexual; e por conta dessa distorção, diversas outras áreas da minha vida estavam sendo comprometidas: a minha saúde estava sendo prejudicada, pois eu estava acordando sem energia e dormindo mal; a minha forma de curtir a vida não era mais a mesma, pois eu não conseguia aproveitar os momentos do meu dia a dia e me tornei refém dos feriados para conseguir me divertir; o meu emocional estava abalado, pois eu estava com sentimentos de infelicidade, e a minha família estava se tornando um fardo devido às contas a pagar.

E qual a razão desse meu desequilíbrio? Entre outras coisas, me contaminei com a atmosfera negativa dos colegas médicos. Iniciei a minha carreira profissional em consultório e sempre fui muito apaixonada pelo que faço. Mas o meu desequilíbrio profissional consistia na insatisfação financeira, pois me deixei contaminar pela onda de negatividade dos próprios colegas de profissão, habituados a reclamar dos resultados financeiros obtidos pelo nosso trabalho de consultório. A razão de tanta reclamação consistia na relação de muitas horas trabalhadas vs. receita baixa vs. despesas exorbitantes para a manutenção do consultório. E essa situação era e continua sendo resultado da estrutura que gerencia a saúde da rede privada do nosso país, que são os planos de saúde. Esses pagam uma tabela ao médico muito aquém do justo, interferindo na qualidade de vida do médico, que passa a trabalhar mais horas, ter menos lazer, mais estresse e menos descanso.

Em consequência da baixa qualidade de vida, a minha sexualidade também estava comprometida. Pois, para a mulher estar plena na sua sexualidade é necessário que exista um equilíbrio das preocupações. Hoje a grande causa da baixa de libido (inapetência sexual) e baixa frequência na atividade sexual para as mulheres é decorrente do estresse e cansaço excessivo provocados pelo número de horas trabalhadas. Preocupações com dívidas e estresse de trabalho não combinam com desejo sexual, especialmente para a mulher. Costumo dizer que o homem faz sexo para relaxar e a mulher precisa estar relaxada para fazer sexo.

Diante dessa análise, percebi que aquele meio século tinha feito de mim uma mulher PLENA, porém a minha insatisfação era porque eu estava focada nas negatividades, o que me impedia de ver o quanto eu já era plena, apenas ainda não havia ajustado a minha percepção dessa realidade. Então tive a convicção de que a plenitude não era mais uma dúvida, mas, sim, uma afirmativa: É POSSÍVEL SER PLENA, SIM!

## "É POSSÍVEL SER PLENA!"

Os desafios para essa afirmativa são muitos. A partir daquela reflexão, passei a prestar atenção na fala de minhas pacientes. Interessante como é frequente elas se queixarem de estar cansadas, sem desejo sexual, estressadas, com alteração de humor, entre outras queixas; e como diz a metáfora, "o peixe que fica dentro d'água não percebe a água", isso significa que muitas vezes estamos tão envolvidos com uma situação ou ela nos parece tão normal que não a percebemos. Eu não encarava aquelas queixas de forma negativa, pelo contrário, eu concordava e defendia que esses problemas relacionados à multiplicidade de papéis da mulher eram o preço que estávamos pagando por querermos conquistar tudo, então eu, equivocadamente, apoiava esse comportamento acreditando que para sermos profissionais e conquistarmos o nosso espaço, precisamos pagar o preço com a nossa saúde física, emocional e até mental. E eu estava completamente errada, pois podemos, sim, sermos bem-sucedidas, saudáveis e felizes ao mesmo tempo. A mulher pode SER PLENA sim!

## MULTIPLICIDADE DE PAPÉIS DA MULHER

É fato que nós, mulheres, estamos vivendo uma vida de múltiplos papéis e na maioria das vezes nos sentimos sobrecarregadas e cansadas. Porém, esses dois sentimentos estão ligados diretamente à percepção que temos sobre a nossa vida. Para começar a sua mudança de percepção, quero convidá--la a responder às seguintes perguntas:

**Quais são os seus múltiplos papéis?**
_____
_____
_____
_____

**Em quais desses papéis você se sente plena?**
_____
_____
_____
_____

Ao responder a essas questões, você já deu um importante passo em direção a novas percepções e para o caminho da plenitude.

E agora prepare-se para os conceitos mais importantes do autoconhecimento: autoestima, autoimagem, autoconfiança e autodomínio. É pela compreensão cognitiva e experiências emocionais vivenciadas a partir desses conceitos que se pode avançar na direção da realização pessoal.

## FORMAÇÃO DA AUTOESTIMA E AUTOIMAGEM

Naquela manhã do meu aniversário, o sol estava muito brilhante. Eu estava caminhando na calçadinha da Praia do Cabo Branco, em João Pessoa, e um filme passou pela minha cabeça. Lembranças de quando eu era criança vieram à tona. Vi imagens, cores, ouvi sons, vozes, falas, senti emoção, vontade de rir, de pular e me dei conta que a história que eu contava para mim mesma e para os outros sobre minha infância, até aquele momento, era triste, feia, sofrida, dolorosa... A minha percepção de minha infância era de abandono, rejeição e doença.

Para explicar a formação da autoestima e autoimagem, se faz necessário prestar atenção em alguns detalhes:

Tudo o que vemos, ouvimos e sentimos até os sete anos de vida formam a nossa autoestima. Diversas abordagens da psicologia tratam da formação da autoestima e da autoimagem ou imagem de si, e isso é feito de acordo com a linha de pensamento de cada abordagem. Fiz formação em Psicologia Corporal e Análise Bioenergética, de forma que as minhas vivências têm sido baseadas nos teóricos que desenvolveram os conceitos e as técnicas a partir dessa abordagem.

A construção da autoestima e autoimagem, segundo Winnicott* (1967), inicia-se nos primeiros minutos da vida da criança, como podemos constatar nessa afirmação: "O primeiro espelho da criatura humana é o rosto da mãe, sobretudo o seu olhar. Ao olhar-se no espelho do rosto materno, o bebê vê a si mesmo. Quando olho, sou visto, logo existo. Posso agora me permitir olhar e ver". (Winnicott[1] – O brincar e a realidade – Imago 1995).

E para Alexander Lowen[2] (1997), "as crianças, especialmente os bebês, precisam de amor incondicional para que possam crescer como adultos saudáveis. Na realidade, sua própria sobrevivência depende de um vínculo amoroso com um adulto". (A teoria do apego e a construção do *self* – Cristina Piauhy[3]).

---

1 Winnicott: Donald Woods Winnicott (1896 -1971), médico pediatra inglês que inovou as teorias psicanalíticas na relação entre a mãe e a criança.

2 Alexander Lowen – psicanalista freudiano, desenvolveu a psicoterapia mente-corporal conhecida como Análise Bioenergética, praticou psicoterapia por mais de 60 anos, autor de 14 livros de Análise Bioenergética.

3 Cristina Piauhy – Psicóloga, Local Trainer em Análise Bioenergética, membro da diretoria do IIBA / América Latina; presidente da Federação Latino-Americana de Análise Bioenergética, coordenadora da Formação Internacional da Libertas, Bahia; Terapeuta Sistêmica de Casal e Família.

## EMOÇÕES BÁSICAS DO SER HUMANO

Pois é, como falei anteriormente: tudo que vemos, ouvimos e sentimos até os sete anos de vida formam a nossa autoestima. O corpo da criança em desenvolvimento vai construindo uma postura corporal correspondente à imagem que ela tem de si mesma, que pode ser: cabeça baixa, ombros caídos, andar desengonçado, ou cabeça erguida, ombros elevados, andar firme; essas posturas representam a sua autoestima, autoimagem e autoconfiança.

É bem provável que na sua história de infância tenha existido mais críticas que elogios, que as suas lembranças e suas imagens mentais sejam mais de cenas tristes que alegres. Não significa que só aconteceram coisas ruins, mas é porque o que mais fixa no cérebro são as cenas de grande impacto, e geralmente essas são ruins.

## WANICLEIDE LEITE

    Todas as percepções da infância são guardadas e codificadas linguisticamente, ou seja, criam representações internas na mente em formas de imagens, sons e diálogo interno, que acionam o sistema neuroendócrino a produzir substâncias químicas responsáveis por desencadear as emoções básicas do ser humano, como: medo, raiva, tristeza e alegria. Os pensamentos de negatividade geram sentimentos tóxicos que ativam as glândulas do sistema neuroendócrino. Quando essas glândulas são ativadas, substâncias tóxicas são automaticamente produzidas e liberadas no sangue, gerando sintomas como: taquicardia, ansiedade, fala mais rápida, necessidade de pressa em tudo, impaciência, intolerância, rigidez no corpo, face dura, fronte enrugada e mandíbula tensa. É uma mistura de sentimentos e reações corporais. Em um pequeno espaço de tempo é possível sentir diversas sensações, que são desencadeadas a partir de um estímulo específico e produz uma consequência também específica. Vamos aos exemplos:

A emoção da RAIVA é estimulada ou causada pela presença de um obstáculo e tem como consequência a atitude de agressão ou defesa. Nem sabemos o porquê, mas é comum estarmos nos defendendo, nos justificando ou agredindo com palavras e tom de voz aborrecido e bravo. Essas reações muitas vezes são automáticas. A raiva é uma emoção poderosa, que provoca no corpo uma produção de energia de muita intensidade, que pode ser canalizada para grandes realizações ou simplesmente pode ser desperdiçada, deixando apenas a ressaca no corpo pela adrenalina que foi produzida durante essa raiva.

Já a emoção de MEDO é produzida pela sensação de perigo, e essa sensação de estar em constante perigo, na prática, não faz sentido, pois, conscientemente, não existe uma causa que justifique esse medo, mas essa sensação leva a um estado de ansiedade, que atualmente se tornou quase uma epidemia, e cada vez mais vemos mulheres com necessidade do uso de medicamentos para ansiedade, e as consequências desse medo real ou imaginário são a necessidade de fuga ou luta. Para exemplificar a fuga, observe que a mulher foge, se esconde da sua própria realidade muitas vezes por meio de trabalhos excessivos ou uso de medicamentos ansiolíticos, antidepressivos e sedativos. O exemplo da reação de luta induzida pela emoção do medo é observado por meio de uma necessidade doentia de trabalhar excessivamente com sentimentos de competição para garantir o seu espaço, responsabilidade excessiva de manter as despesas da casa, e o resultado é um alto nível de estresse. Veja que a motivação pode ser diferente, mas a reação é a mesma.

Para falar da emoção de TRISTEZA, basta lembrar dos diversos papéis que a mulher desempenha no dia a dia, principalmente aquelas que têm filhos. O grande desafio é administrar a dinâmica mãe/profissional. Essa emoção tem como consequência a sensação de perda. A de deixar o filho ou de abrir mão da profissão para cuidar do filho. Hoje esse é um dos maiores dramas em que a mulher se encontra, pois cada vez mais a maternidade está sendo adiada – o pesar da idade causa essa sensação de insegurança pela dúvida se vai ou não conseguir ser mãe. É verdade que a mulher tem um prazo de validade na sua fertilidade, pois a menina nasce com uma quantidade de óvulos que tem um tempo para acabar. Quando é chegada a menopausa, os óvulos se findam, e cessa a capacidade de gestar espontaneamente com seus óvulos.

## WANICLEIDE LEITE

A ALEGRIA é uma emoção comum da criança. A capacidade de se expressar, a espontaneidade de usar o seu corpo para manifestar a alegria vai sendo diminuída ou podada à proporção em que a infância vai terminando. Atualmente, é muito comum a alegria estar em um lugar secundário – o sorriso, a alegria de viver, os prazeres com as pequenas coisas precisam ser retomados. Tenho ficado muito alegre com os retornos das alunas do treinamento SER PLENA, pelo resgate dessa emoção tão importante. A consequência dessa emoção é o desejo de aproximação e conquista. Nos dias em que o contato humano está sendo substituído por *smartphone*, é preciso estimular as relações corpo a corpo e nada substitui o abraço, o sorriso, a gargalhada e o compartilhar das boas notícias.

Para cada emoção básica existe um estímulo para desencadeá-la, assim como também tem uma consequência associada:

| |
|---|
| Raiva = Agressão/defesa |
| Medo = Fuga/ luta |
| Tristeza = Perda |
| Alegria = Conquista/ aproximação |

## QUÍMICA DAS EMOÇÕES

As emoções são acionadas pelos pensamentos e esses criam estímulos aos sistemas endócrino, nervoso e gastrointestinal para produzirem substâncias que vão dar qualidade às emoções. Cada emoção tem sua química correspondente.

**Exemplos:**

• **RAIVA:** a sua química é gerenciada pelo hormônio testosterona e pelas catecolaminas: adrenalina e noradrenalina, que são substâncias potentes que produzem no corpo uma grande quantidade de energia e sensação de força.

- **MEDO:** é uma emoção que teoricamente se refere a algo concreto, mas, como foi mencionado anteriormente, atualmente não precisa haver um fato concreto para se ter medo, é como se o perigo estivesse rondando o tempo todo.

Vale a pena fazer uma relação entre o medo e a ansiedade. Esta tem a ver com preocupação, que como a própria palavra fala por si só: preocupação = ocupar a mente. Nas minhas palestras, gosto sempre de apresentar a diferença entre PROBLEMA, FATO e PREOCUPAÇÃO, que são características da ansiedade.

| PROBLEMA | FATO | PREOCUPAÇÃO |
|---|---|---|
| É uma situação ou uma determinada questão ou um determinado assunto que requer uma solução. | É uma situação ou uma determinada questão ou um determinado assunto que já está solucionado. | É um pensamento antecipado a um acontecimento que poderá acontecer ou não. É responsável pela ansiedade.<br>A preocupação é uma forma de manifestação do medo, um receio daquilo que tememos acontecer. |

Um exemplo da diferença entre fato e problema: a minha filha Roberta tem o diagnóstico de paralisia cerebral, isso é um fato, não podemos mudar essa condição. Já uma virose sazonal que ela possa apresentar é um problema, pois tem uma solução.

A ansiedade é o medo antecipado. Ainda não aconteceu, mas a pessoa já está sofrendo antecipadamente. Ofereço a você um excelente exercício para controle das preocupações: escreva todos os pensamentos que a preocupa. Agora, releia todos e observe que 90% dos pensamentos de preocupação não fazem sentido, e os outros 10% podem se tornar problemas ou fatos. A preocupação que não faz sentido, jogue fora para nunca mais, e as preocupações reais, reveja e transforme em problemas ou fatos. O que é problema traz consigo a sua solução, marque a data para resolver, crie estratégias e resolva, pare de procrastinar. Já os fatos estão resolvidos, procure aceitá-los, pois a aceitação é uma atitude de sabedoria. Mas não se acomode, achando que tudo é fato, quando é um problema. Pois não deixe sua ilusão tornar um problema pequeno, fácil de resolver, em um problemão. Por exemplo, quando uma dívida "é impagável", você diz: "Não posso pagar, não tenho dinheiro, sou pobre, então isso é um fato". Errado! Dívida é problema, não importa o tamanho, pois tem uma solução: pagar. E a busca dessa solução vai tirar você da crença limitante de pobreza.

As químicas do medo são a adrenalina e o cortisol. Preciso fazer uma observação: a adrenalina também é a química da raiva. Existe uma diferença de reação para o corpo provocada pela adrenalina quando essa é acionada pelo estímulo da raiva comparada com a adrenalina provocada pelo estímulo do medo. Quando a adrenalina é estimulada pela raiva, a sensação é uma necessidade de lutar, e junto vem uma força e a certeza de que você vai vencer, que vai dar tudo certo, que você vai triunfar, gerando autoconfiança e autodomínio. Porém, quando é o medo o desencadeador da produção de adrenalina, a luta vem com a dúvida e a sensação de que você vai perder e vai dar tudo errado, que você vai fracassar.

As emoções de tristeza e alegria são opostas, e podemos comprovar isso fazendo um simples exercício que prova que essas emoções estão relacionadas com a postura corporal. Convido você a fazer o exercício, vamos?

**1º** – Tente olhar para baixo com o queixo no peito e observe qual a qualidade do seu pensamento. Sugiro que tente pensar em algo alegre. Observe que o seu pensamento só busca imagens de situações tristes, isso porque nessa postura a área do cérebro estimulada é a área da tristeza e melancolia;

**2º –** Agora, olhe para cima e procure pensar em algo triste. Observe que todas as imagens que surgem na sua mente são imagens alegres e naturalmente você começa a sorrir.

Isso prova como a postura determina a qualidade das nossas emoções. Uma pessoa com depressão apresenta uma postura de ombros caídos e olhar para baixo. Por outro lado, uma pessoa saudável você percebe pela postura de ombros erguidos e cabeça levantada. Essas diferentes posturas provocam a produção de neurotransmissores, que são substâncias que determinam as emoções. Seguem alguns desses neurotransmissores mais importantes e suas funções:

## SEROTONINA

• **O que é:** neurotransmissor da felicidade.

• **Quando presente:** produz bom humor, tranquilidade, alegria e satisfação.

• **Ausência:** ansiedade e medo.

## DOPAMINA

• **O que é:** neurotransmissor da motivação e recompensas a curto prazo.

• **Presença:** ajuda na formação dos hábitos.

• **Ausência:** fadiga, dores no corpo, desânimo.

## OCITOCINA

• **O que é:** presente durante o parto e a lactação. É também conhecido como o hormônio do abraço.

• **Presença:** facilita o contato físico, o abraço e os atos generosos.

• **Ausência:** dificuldade de relacionamento e de contato físico.

## ADRENALINA

- **O que é:** produz alerta, atividade, prontidão para ação.

- **Presença:** ajuda no estado de alerta para a resposta de defesa do organismo.

- **Excesso:** ansiedade e nervosismo.

## TESTOSTERONA

- **O que é:** relacionado à bravura, coragem, força de propósito.

- **Presença:** autoconfiança, defesa de território, libido sexual.

- **Excesso:** pode levar à agressividade.

## CORTISOL:

- **O que é:** relacionado com o estresse (lembrando que estresse é algo necessário para o funcionamento do corpo e a realização das tarefas, o problema está na sobrecarga do estresse).

- **Presença:** mantém em alerta e induz à criatividade.
- **Excesso:** produz alto nível de estresse, diminui a imunidade e eleva a pressão arterial, baixa autoestima, irritação e cansaço.

A importância de trazer esses conhecimentos da neurociência para a mulher é que, apesar da demanda de material disponível na internet sobre esses assuntos, nem sempre são confiáveis, e percebo que existe um grande interesse sobre neurotransmissores e as emoções. Ensino que, para a mulher SER PLENA e encontrar seu lugar de plenitude, é necessário ter domínio das emoções.

Para fechar a compreensão da saúde emocional, de forma prática vamos resumir: os seus pensamentos são a chave que desencadeia as emoções ou os sentimentos. Esses sentimentos geram os comportamentos.

Os comportamentos repetidos formam as crenças, e essas representam o que você acredita sobre determinado assunto, levando você a ter um resultado compatível com aquilo que você acredita e pensa. O corpo mantém uma postura física, que leva à produção de neurotransmissores compatíveis com a qualidade do seu pensamento. Por exemplo: se você repete o dia inteiro e alimenta pensamentos negativos e destrutivos sobre você mesma, sobre seu trabalho, sobre sua vida financeira e sobre seus relacionamentos, sobre sexo, falta de desejo sexual e prazer, com toda certeza os seus resultados serão semelhantes àquilo que você está nutrindo. Essa autoimagem negativa que você, mulher, tem sobre si mesma, começa a mudar quando você se abre para aprender sobre o seu corpo e sua sexualidade. Por isso, no próximo capítulo, vamos bater um papo íntimo, no qual você terá todas as informações necessárias para o seu autoconhecimento em relação à sua sexualidade.

# Capítulo 2

*"O medo de me descobrir mulher me deixa permanecer, viver e até morrer como menina. Mas só depende de mim enfrentar esses desafios."*

WANICLEIDE LEITE

## Capítulo 2
## UM PAPO ÍNTIMO SOBRE SEXO

Este capítulo é muito importante, pois vamos tratar de um assunto em que a maioria das mulheres se identificam, porém, por ser um assunto que ainda é considerado um tabu, ainda se recusam a falar sobre. Por incrível que pareça, ainda existe muita dificuldade de se falar de sexo dentro de casa de uma forma sábia e tranquila, a prova disso é o que eu vejo e escuto diariamente no meu consultório de ginecologia. A mãe leva a filha adolescente para uma consulta ginecológica e timidamente fala: "Doutora, converse com minha filha sobre aquelas 'coisas' que toda mocinha precisa saber". E eu, mesmo sabendo que "coisas" ela quer que eu fale para a filha dela, eu lhe pergunto: "sobre qual assunto você gostaria que eu conversasse com a sua filha?" (eu provoco de forma que a mãe consiga desmistificar a palavra "sexo"). Mesmo atiçando a mãe, percebo que ela se recusa a falar a palavra "sexo", pois a resposta da mãe é assim: "sobre prevenção, sobre anticoncepcional, porque quem sabe né, ela pode precisar". Então eu falo: "Ah! Você quer que eu fale com sua filha sobre sexo, não é mesmo?". Ela afirma balançando a cabeça. Cenas como essa são muito comuns no meu dia a dia.

Procuro resolver essas situações dizendo para a mãe: "então, antes de conversar com a sua filha sobre sexo, eu sugiro conversar com você primeiro", e aí eu faço as seguintes perguntas para essa mãe aflita:

- O que a palavra "sexo" representa para você?

- Quais os sentimentos que você tem em falar sobre sexo?
- Quais são os seus medos com relação a sua filha?

As respostas são basicamente as mesmas: que sexo é feio, é sujo e que só deve ser feito no casamento. Os sentimentos sempre estão relacionados com o medo que algo de mau possa acontecer com a filha, caso ela venha a ter atividade sexual na adolescência, ou antes de casar. Os maiores medos são de engravidar e/ou contrair uma IST (infecção sexualmente transmissível).

A desinformação sobre sexo e sexualidade feminina é a grande responsável por todo esse sofrimento que vem atravessando os séculos, e fazendo gerações de mulheres terem uma vida limitada na sua sexualidade, sendo vítimas de disfunções sexuais, comprometendo não somente a esfera sexual, como também as demais áreas da vida.

Nessas consultas, para ajudar a mãe e a filha a compreenderem sobre os seus genitais, utilizo uma maquete da anatomia do aparelho reprodutor feminino e mostro a ambas, dessa forma elas recebem informações de fisiologia e anatomia do corpo da mulher e assim iniciam o autoconhecimento do seu corpo.

## AUTOCONHECIMENTO DO SEU CORPO (FISIOLOGIA E ANATOMIA DA MULHER)

Na introdução desse assunto gosto de lembrar que o funcionamento do cérebro e a capacidade de pensar da mulher é diferente do homem. O universo feminino é recheado de cores, brilhos, sons, sensações, emoções e fantasias.

Nós, meninas, somos criadas diferente dos meninos. Em muitas culturas, e principalmente aqui no Brasil, é comum: o menino "poder fazer tudo", enquanto a menina "tem que ter cuidado com tudo", principalmente em relação às descobertas sexuais. Os hormônios sexuais começam na puberdade igualmente para meninas e meninos, então os desejos sexuais nascem para ambos. O menino tem a liberdade e a autorização para pegar nos seus genitais, manipular o seu pênis e se masturbar quando quiser, na hora que der vontade. Já a menina sempre reprimida, proibida de tocar nos genitais, de sentir qualquer sensação, de conhecer seu clitóris e de se masturbar, fora o mito que colocam na cabeça dela que se ela tocar na entrada da vagina, pode romper o hímen. Esses mitos se fortalecem à proporção em que a menina vai se tornando adolescente e depois mulher adulta, e quando chega a hora de iniciar a atividade sexual, todo esse conteúdo negativo sobre a sua sexualidade toma conta de sua mente e os transtornos sexuais começam a acontecer.

Particularmente, eu vejo isso como uma crueldade para a mulher: passa a vida inteira, duas e até três décadas de sua vida tendo que se "resguardar", não conhece nada do seu corpo e das suas sensações, não se toca, não pensa em sexo, não fala de sexo e, de repente, de um dia para o outro, se casa ou resolve iniciar sua atividade sexual, aí tem que ser "uma expert em sexo". É muita maldade com a mulher, e a solução para isso é a informação, para que ela possa empoderar-se de si.

## A fisiologia da mulher

A mulher entender como funciona o seu corpo é de fundamental importância, pois, além de estimular o autoconhecimento, também a motiva a exercer a sua feminilidade, isso porque devido à demanda profissional, muitas mulheres estão assumindo posturas masculinas, e se esquecendo da fêmea que têm dentro delas.

É comum imaginar que o sexo, a capacidade de menstruar e de engravidar estão relacionados ao útero e à vagina. Mas, na verdade, é o sistema endócrino, que é formado pelas glândulas, onde os hormônios são produzidos, que é o grande responsável por fazer tudo acontecer.

Pensar em erotismo, fazer uma atividade física, dançar, são estímulos para as glândulas secretarem hormônios, e são eles que determinam as fases da vida, tanto da mulher como do homem.

### Funcionamento hormonal da mulher

Hormônios são substâncias poderosas que influenciam na personalidade, sexualidade e forma de viver. Os hormônios femininos são: progesterona, estrogênio, andrógenos (testosterona), ocitocina e prolactina.

- **Progesterona:** tem a função de gestar, maternar, cooperar e tem a ação de anticoncepção. É conhecida como o hormônio da gravidez.

- **Estrogênio:** tem a função de manter a feminilidade, a beleza, de seduzir e de proporcionar a intuição. É o hormônio que age determinando a feminilidade.

- **Andrógeno (testosterona):** tem a função de estimular o desejo sexual, o desejo de possuir e de conquistar. É o hormônio do poder. Quando em excesso, leva ao aumento de pelos no corpo e à mudança no timbre da voz.

- **Ocitocina:** tem a função específica de desencadear o trabalho de parto, mas fora do período da gestação é conhecido como hormônio do abraço e da aproximação.

- **Prolactina:** tem a função de estimular o senso de cuidado com o outro, a solidariedade e a empatia. É o hormônio da amamentação. Estar elevado durante o período da amamentação é normal, fora desse período pode significar tumor na hipófise. O aumento interfere na performance sexual, diminuindo o desejo sexual.

Esses são os hormônios que regulam e gerenciam as fases e ciclos da vida, que são:

1) Infância
2) Adolescência
3) Adulto Jovem
4) Climatério
5) Menopausa
6) Senilidade

## Aprendendo um pouco sobre a anatomia do seu corpo

Sugiro que você pegue um espelho e se sente com as pernas abertas para examinar a sua genitália. Observe que o que você vê no espelho é a sua vulva, que é composta pelo monte de vênus (pelos pubianos), os grandes lábios, os pequenos lábios, o introito vaginal, o orifício da uretra e acima desta você observa uma estrutura sensível ao toque, que é o clitóris. Esse pequeno órgão possui uma rica inervação que mantém contato diretamente com a área do prazer no cérebro.

Quando o clitóris é estimulado, imediatamente o cérebro produz estímulos que acionam a produção de hormônios e neurotransmissores responsáveis pelo prazer sexual.

Segue uma imagem para servir como guia:

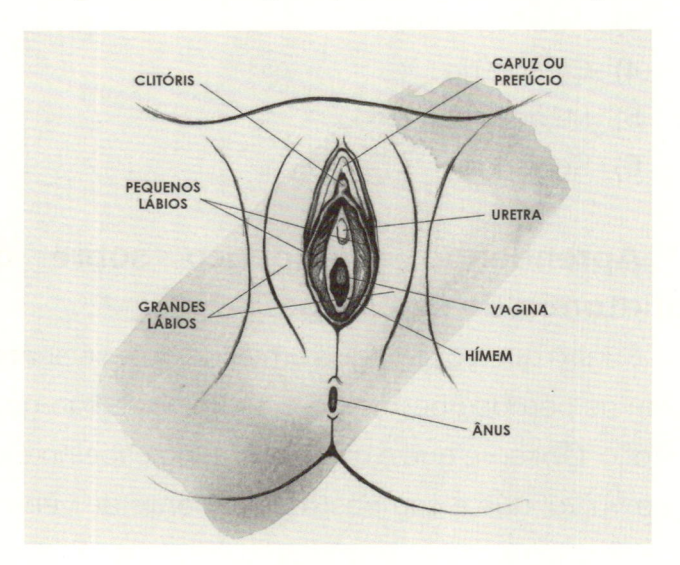

Agora vou explicar um pouco mais sobre a genitália feminina:

**Hímen:** é uma membrana bastante fina que fica na entrada da vagina, que permeia o orifício vaginal por onde passa o sangue menstrual.

# WANICLEIDE LEITE

O hímen só é identificado no exame ginecológico. Existem vários tipos de hímen:

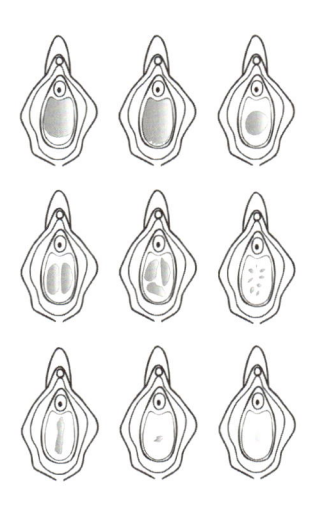

Disponível em:
https://pt.wikipedia.org/wiki/Hematocolpos#/media/Ficheiro:Hymen_en.svg

Aproveito para fazer alguns esclarecimentos sobre o hímen, seus mitos e tabus. Entre esses mitos e tabus, existe aquela dúvida:

"Ter o hímen rompido significa que não sou mais virgem?"

É um mito! O conceito de virgindade associado ao rompimento do hímen é coisa do passado. É comum as mulheres terem outros tipos de relação sexual sem penetração vaginal e continuar com hímen íntegro. O que pode rompê-lo é a penetração vaginal com pênis ou com outros objetos. É importante se libertar das crenças de virgindade relacionadas ao hímen, pois isso só atrapalha na sua prática sexual.

**Vulva:** a vulva é a parte externa do aparelho genital feminino. É formado pelo monte de vênus, que é recoberto por pelos pubianos, os grandes e pequenos lábios, vestíbulo da vagina, e mais internamente as glândulas de Bartholine e glândulas de Skene. Encontra-se também o clitóris e o meato uretral (orifício da uretra) e orifício vaginal (entrada da vagina e hímen).

**Vagina:** é um tubo de músculos e membranas, com uma mucosa ampla, enrugada e aderida uma parede na outra, formando um canal virtual, que tem a capacidade de receber um pênis ou um instrumento desde um tamanho pequeno até um tamanho maior, sem perder a sua capacidade de adesão a esse objeto ou pênis. A capacidade de elasticidade da vagina é tão fenomenal que, durante o parto vaginal, ocorre um alargamento da vagina, de forma que o bebê passa sem haver ruptura das estruturas do canal vaginal. A entrada chama-se óstio vaginal, onde se encontra o hímen.

**Anéis da vagina:** a vagina é um canal formado por fibras musculares alongadas, e na extensão da vagina existe o grupo de fibras musculares circulares, formando um anel. Quando é realizado um movimento de contração voluntaria na genitália como, por exemplo, para segurar a urina ou segurar um estímulo da evacuação, essas fibras circulares prendem o canal vaginal como se tivesse algo dentro dela. Essas fibras circulares se encontram concentradas em três partes do canal vaginal: na entrada da vagina, no meio e no final da vagina, e essas fibras circulares são chamadas de anéis da vagina. Quando esses anéis são tonificados, por meio de exercícios apropriados, trazem para a vida sexual da mulher muito prazer.

Infelizmente muitas mulheres não conhecem o seu corpo, porque têm tabus de se tocar, como se colocar o seu próprio dedo dentro da vagina representasse para elas um ato obsceno. Mas toda essa repressão tem causas bem definidas. Para isso, vou comentar, mesmo de forma superficial, como o assunto "sexo" tem sido tratado ao longo da história da humanidade.

## WANICLEIDE LEITE

# A HISTÓRIA DA SEXUALIDADE FEMININA

Iniciando pela Bíblia Sagrada, em que encontramos no livro de Gênesis a narrativa do pecado original, eu me lembro do que aprendi no catecismo: que Adão e Eva pecaram e ficaram nus e precisaram se cobrir com folhas de plantas para se esconderem, pois estavam com vergonha de Deus e que, por causa desse pecado, Eva recebeu de Deus a maldição, conforme escrito em Gênesis 3:16 "E à mulher disse: Multiplicarei sobremodo os sofrimentos da tua gravidez; e em meio de dores darás a luz filhos; o teu desejo será para o teu marido, e ele te governará". Passei muitos e muitos anos da minha vida acreditando que o pecado original tinha sido porque Adão e Eva tinham feito sexo e a serpente representava a tentação sexual, e toda essa interpretação só reforça a crença de que sexo é pecado.

Fica fácil entender porque quando se fala em sexo, os sentimentos da mulher são os mais complexos, e é difícil ela compreender o que realmente sente. O Medo da rejeição, da crítica, do abandono, da renúncia, do preconceito, e de ser feliz, perturba o coração da mulher ao longo da história da humanidade.

Como a história conta, nas civilizações antigas, a sexualidade para a mulher foi pautada de repressão e, muitas vezes, tortura. Um exemplo clássico disso é o cinto de castidade na Idade Média. Todos esses acontecimentos do passado repercutem no inconsciente de todas as mulheres nos dias de hoje. A seguir, vou trazer para você alguns conceitos científicos sobre como funciona o corpo da mulher em relação ao sexo e também os transtornos sexuais que acometem a mulher quando essa energia sexual é bloqueada. Na rotina de atendimento, observo que quanto mais informada a mulher esteja sobre sexo, mais se preserva de relacionamentos abusivos. Do contrário, quanto mais desinformada ela fora, mais frágil emocionalmente e vulnerável aos relacionamentos abusivos ela está.

## O QUE A MULHER PRECISA SABER SOBRE SEXO

Existem muitos mitos relacionados ao sexo na cabeça das mulheres, e esses mitos são reforçados de geração em geração, aumentando assim o desconhecimento e sedimentando as crenças negativas sobre a sexualidade da mulher. A prática sexual para a mulher dificilmente é estimulada como um ato de prazer, e sim como uma obrigação de dar prazer ao parceiro, de engravidar, ou de cumprir o papel de esposa. A dor e o sangramento na primeira relação são mitos tão fortes, que muitas mulheres chegam na consulta ginecológica frustradas porque sua primeira vez não houve sangue nem dor. Inclusive muitas se sentem constrangidas e preocupadas com o que o parceiro vai pensar delas, com medo que duvide que não estavam falando a verdade quando disseram que eram virgens. Parece um absurdo, não é? Mas infelizmente esse aspecto ainda é culturalmente muito presente na sociedade.

Para desmistificar essas crenças e pensamentos negativos, a mulher precisa saber que esses mitos foram criados porque no passado as mulheres quando tinham a sua primeira experiência sexual, elas eram praticamente estupradas, porque era comum conhecer aquele parceiro na intimidade apenas após o casamento. Paralelo a isso, o homem carregava consigo a crença que teria que "deflorar" a mulher, ou seja, tirar a virgindade da esposa na primeira noite, e a prova disso era o sangramento após o ato sexual.

Com o passar dos anos, essa dinâmica nos relacionamentos foi mudando. O comum hoje em dia é as pessoas se conhecerem na intimidade, iniciando as carícias de forma progressiva e utilizando de intimidades como a masturbação mútua e o sexo oral, e quando a penetração vaginal acontece já existe um grau de intimidade e excitação, promovendo um relaxamento da musculatura do assoalho pélvico e aumento de lubrificação vaginal, e assim o processo da penetração ocorre sem dor e sem sangramento. O que provoca o sangramento é a tensão e contração da musculatura do assoalho pélvico, que, não havendo relaxamento e nem lubrificação vaginal, a penetração provoca dor e sangramento, devido à laceração da vagina e do períneo. A mulher precisa saber que não é "normal" sangrar e sentir dor, o que é normal é a mulher sentir desejo, lubrificar, sentir prazer com a penetração e ter orgasmos.

Outro mito muito presente e que atrapalha (e muito) o desempenho da mulher é que ela tem que sentir orgasmo na penetração vaginal. O que a mulher precisa saber é que o órgão responsável pelo orgasmo feminino é o clitóris e não a vagina.

Um fato importante que a mulher precisa saber é que o orgasmo feminino acontece pelo estímulo do clitóris, então não existe nenhuma anormalidade se a mulher não sentir orgasmo com a penetração vaginal. O orgasmo com a penetração vaginal acontece quando a penetração vaginal é rasa, quando a glande peniana penetra a vagina de dois a três centímetros. O orgasmo acontece dessa forma porque a parte interna do clitóris, ou seja, a raiz do clitóris, está inserida na parte anterior da vagina, exatamente dois a três centímetros para dentro da vagina e quando a glande peniana, ou um acessório (ex: vibrador), toca a parede vaginal, provoca um atrito nessa área, mais conhecida como o Ponto G.

Um mito muito comum entre os homens é que a penetração profunda vai dar prazer à mulher. Pelo contrário, a penetração profunda causa desconforto e provoca inflamação no colo do útero pelo traumatismo do contato do pênis com o colo.

Mais uma informação importante e que a mulher precisa saber sobre sexo: existe um mito entre as mulheres heterossexuais que "o homem sempre tem libido e que o desejo do homem deve ser satisfeito pela mulher", e também um mito no universo masculino que "o homem tem que fazer a mulher gozar" e caso não consiga, isso é motivo de grande frustração para ele. Esses equívocos são responsáveis por diversos transtornos sexuais entre os casais e é motivo de cobrança, tanto de si mesmo como com o(a) parceiro(a). Para resolver esse equívoco é preciso compreender que prazer é algo PESSOAL! Ninguém é responsável pelo gozo do outro e ninguém é tão importante a ponto de ser capaz de promover o prazer e o orgasmo da parceria. A mulher precisa se libertar da carga de ser responsável em satisfazer o seu parceiro. O outro contribui para o seu prazer, assim como você contribui com o prazer da sua parceria.

Agora, que você já desmistificou uma série de conceitos e até preconceitos sobre essa energia tão maravilhosa que é o sexo, está na hora de responder algumas perguntas:

*"O que impede você de ser uma mulher extraordinária e ter uma vida de plenitude?"*

Acredito que essa pergunta tenha mexido com você e possivelmente não conseguiu encontrar a resposta, mas eu vou respondê-la em apenas uma frase: o que impede a mim e a você de sermos extraordinárias é A NOSSA PROGRAMAÇÃO MENTAL, OS NOSSOS PADRÕES DE PENSAMENTOS E OS NOSSOS MODELOS MENTAIS. No próximo capítulo, vamos explorar bastante esses assuntos, pois são conteúdos que determinam quem você é e como você está agindo neste momento.

# Capítulo 3

"O que vi, ouvi e senti até os meus sete anos me tornaram quem sou hoje. Mas não sou obrigada a viver até o último dia da minha vida refém de meus traumas."

## Capítulo 3
## A DESCOBERTA

Foi simplesmente fantástico quando, em um determinado momento da minha vida, a ficha caiu e descobri que tudo o que eu tinha vivido até então e todos os resultados que eu estava tendo na minha vida eram frutos de tudo que vi, ouvi e senti quando eu era criança. E dessa forma pude perceber que existia uma programação em minha mente que, muitas vezes, me levava a ter atitudes inconscientes.

## PROGRAMAÇÃO MENTAL

Imagine que o nosso cérebro seja um computador e ele tem uma estrutura altamente sofisticada com 10 bilhões de neurônios, 100 trilhões de conexões nervosas e dois compartimentos, que são os dois hemisférios: direito e esquerdo. Em 1981, Roger Sperry, fisiologista americano, foi um dos ganhadores do Prêmio Nobel de Fisiologia por separar o cérebro em dois hemisférios e identificar as funções dos hemisférios esquerdo e direito.

O hemisfério cerebral tem suas características: o direito é o emocional e o esquerdo, racional. A pessoa que usa predominantemente o lado emocional vê a vida de uma forma ampla, criativa, colorida, é uma pessoa receptiva, aberta, tem dons artísticos, é aventureira, tem ótima intuição e vive na fantasia. Já a pessoa que usa predominantemente o hemisfério esquerdo é mais detalhista, mais prática e objetiva, não fantasia, vê as imagens no cérebro em preto e branco, é cética, lógica, fechada, cautelosa, analítica e usa muito a memória. É de conhecimento popular que a mulher tende a utilizar predominantemente o hemisfério direito (emocional), fala-se que "a mulher é emoção e o homem é razão", e também se fala que "os homens são frios e calculistas".

Como podemos ver, os hemisférios cerebrais têm propriedades diferentes e o segredo é equilibrar, balancear os dois hemisférios. O que separa os hemisférios cerebrais é uma estrutura chamada corpo caloso, que tem como função a comunicação entre os dois hemisférios, que transmite as informações e faz com que o cérebro funcione de forma harmoniosa.

Estudando os cérebros masculino e feminino, por meio de ressonância magnética, encontram-se diferenças, devido à influência do hormônio estrogênio predominante na mulher desde a vida intrauterina. Isso explica que, apesar de o cérebro feminino ser 10% menor que o masculino, possui maior número de conexões neurais. O fato é que a mulher tem uma capacidade de realizar mais tarefas ao mesmo tempo, se comparada ao homem, que fica realizando uma tarefa por vez.

Mas por que será que, apesar de a mulher ter esse "privilégio", ainda apresenta dificuldades em gerenciar sua vida? Para responder essa questão, podemos fazer uma analogia do cérebro humano com o computador.

Vamos imaginar que o hardware de um computador seja o cérebro e o *software*, a programação da nossa mente. Não adianta ter um *hardware* de última geração, um cérebro mais eficiente, se o *software*, que é a programação, for deficiente.

Baseadas nas experiências de criação dos filhos, as mulheres mães sabem que até de forma inconsciente fazem uma certa diferença na criação de meninos e meninas. Tomando como exemplo, podemos analisar nas esferas profissional, financeira e sexual. Lembrando que, não estou generalizando, mas na região nordeste, em muitas famílias, funciona da seguinte forma:

• O menino tem o privilégio de se isentar das tarefas de casa, sendo a menina praticamente obrigada a cuidar da casa, lavar roupas e cozinhar, sendo uma tarefa exclusiva da mulher, e dessa forma precisa aprender desde cedo. O menino aprende a ser servido. Por isso, profissionalmente, é mais comum a mulher adolescente procurar trabalho cedo, enquanto o rapaz fica esperando se profissionalizar para procurar trabalho.

• Em relação ao financeiro, os pais sempre privilegiam os meninos adolescentes a terem dinheiro na carteira quando vão sair de casa, pois, culturalmente, o homem tem que ter dinheiro na carteira. Enquanto a menina adolescente, tendo a mesma necessidade, é questionada sobre o porquê de precisar de dinheiro.

- Na esfera sexual, a diferença se apresenta com mais intensidade. É comum o menino ser estimulado a pegar nos genitais, se masturbar, falar de sexo, ter acesso a material erótico, a ter um relacionamento sexual precoce e, muitas vezes, é até premiado com elogios pelos pais, que geralmente dizem: "meu filho agora é um macho". Em contrapartida, a menina é podada de qualquer sensação erótica. Existe uma vigilância grande para a menina não tocar nos genitais, aquela fala agressiva: "Tire a mão daí", quando se fala de algo relacionado a sexo tem sempre o conteúdo de medo, de negatividade, que sexo é sujo, feio, que menina honrada de família não faz sexo antes de casar, que o rapaz usa a moça e depois não a quer mais; e ainda existe o tabu da virgindade: que a primeira vez sangra muito e dói, o medo de engravidar na primeira vez pela falta de experiência e o terror de ser "mãe solteira". E assim a mulher se casa, carregando o peso dessa programação sexual negativa: que sexo é ruim e só é prazeroso para o homem, que homem não presta e que ela sempre será usada como objeto no sexo. Fico impressionada com a incoerência: desde que nasceu até o dia do casamento, a mulher é pura, não fala em sexo, não se toca, não pode nem sequer pensar em sexo e prazer sexual. Casa-se e, num passe de mágica, na noite de núpcias a mulher precisa ser uma expert em sexo, descolada, pronta para ter múltiplos orgasmos e atender a toda a demanda sexual do marido. Isso explica a baixa autoestima das mulheres nessas esferas.

Mas, voltando aos estudiosos da psicologia, vamos ao que é falado de programação mental. Como já comentei anteriormente, Winnicott e Alexander Lowen estudaram sobre a importância da presença da mãe (pode ser a mãe biológica ou não, ou homem ou mulher que exerce esse papel de espelho) na formação da autoestima e autoimagem, eles confirmam que a criança é programada desde antes do seu nascimento; desde o ventre materno seu cérebro vai recebendo a programação mental que a criança levará para o resto da vida, pois na puberdade e adolescência essa programação será solidificada.

O programa que é instalado na mente tem alguns elementos, que são os padrões de pensamento e os modelos mentais. Então se faz necessário identificá-los para que o processo de Reprogramação da Mente seja possível. Lembrando que a reprogramação mental e aprender a contar uma nova história são os objetivos do nosso trabalho.

## PADRÕES DE PENSAMENTOS

Definir e conceituar o que é pensamento é importante para entender a expressão "padrão de pensamento".

A palavra pensamento tem origem do latim "pensare", que significa pesar ou avaliar o peso. O pensamento é um processo mental que reside na mente humana e proporciona ao ser humano modelar a sua percepção do mundo. (fonte: https://conceito.de/pensamento)

Segundo o dicionário, a palavra "padrão" significa "modelo", exemplo a ser seguido, regras a serem executadas. Logo, padrão de pensamento pode ser conceituado como um processo mental que segue um modelo, uma regra. Daí um conjunto de padrões de pensamentos cria os modelos mentais.

## MODELOS MENTAIS

O que são modelos mentais? São as representações da realidade e como a pessoa vê e interpreta os acontecimentos. Para mim, os padrões mentais são os nossos óculos, o que eu uso para ver o mundo. Cada ser humano tem seu modelo mental (seus óculos), que é resultado de suas experiências e sua história de vida.

Os padrões mentais, também chamados de crenças, são organizados na mente humana nas diversas áreas da vida. Cada pessoa tem um modelo e uma forma de agir em cada área da sua vida, lembrando que essas áreas também sofrem influência da sociedade, da cultura e da religião, como, por exemplo, a área da sexualidade, que é extremamente bombardeada pelos tabus sociais, culturais e religiosos.

Para exemplificar como a programação mental é reforçada pelos padrões de pensamento e esses formam e reforçam os modelos mentais (crenças), vou contar algumas situações que aconteceram na minha vida e como eu as interpretei, os resultados que eu tive e como eu fiz para ressignificar os fatos.

## WANICLEIDE LEITE

Também vou contar como aprendi a reescrever e contar uma nova história para a minha vida hoje. Vou mostrar também como eu conto essas histórias no meu dia a dia e como eu faço para interromper os meus ciclos viciosos, criando ciclos virtuosos, e essa prática realizamos no meu treinamento.

Tudo começou a mudar quando me dei conta da minha programação e, para isso, utilizei a técnica de viagem mental revisitando a minha infância. Essa viagem mental proporcionou-me a ver, ouvir e sentir as cenas que aconteceram comigo na infância.

Antes de vivenciar essa experiência, eu contava uma história de desgraça. Tudo era muito doloroso e eu não tinha consciência de por que carregava o sentimento de abandono e rejeição.

Durante a experiência, revisitando os acontecimentos, pude ouvir as falas, ver quem falava, entender os conteúdos e sentir o que eles provocavam em mim. Assim pude compreender o tipo de comunicação que estabeleci comigo mesma, que tipo de conversa e diálogo interno eu travava comigo, como eu me expressava por meio da minha postura corporal e quais os mecanismos de autodefesa que eu estabeleci para me proteger.

### A – O acontecimento:

Aos 7 anos de idade, fui enviada para longe da minha família, para a cidade do Rio de Janeiro, em uma viagem de três dias de ônibus, e me prometeram que indo para aquela cidade eu teria uma vida maravilhosa: iria estudar, morar em uma cidade grande, ter roupas etc. Foi tudo enganação, pois na verdade, fui ser empregada doméstica e babá de uma criança de 4 meses. Cuidava de um apartamento e passava o dia inteiro com as portas fechadas, pois o casal para qual eu trabalhava saía às 6h da manhã e chegava às 19h, e assim passaram-se dois longos anos. Dos 7 aos 9 anos, fiquei fora da escola e fazendo trabalho de "gente grande". Quando fiquei doente de catapora e não servia mais para o trabalho, fui enviada de volta para a casa dos meus pais. Ao retornar para a minha família, a minha autoestima para relacionamento e ser cuidada e amada estava completamente destruída, pois existia em mim desconfiança e medo das pessoas, e um sentimento de não pertencimento para com aquela família, pois eu não a reconhecia mais como minha. E o que eu pensava sobre mim mesma? Que eu não era alguém digna de amor! A carência me levou a um adoecimento físico, até os meus 30 anos tive asma, doença que eu herdei de forma psicológica, pois eu tinha uma conversa no meu subconsciente de que eu deveria chamar a atenção das pessoas de alguma forma para ser amada e cuidada, e o meu diálogo interno, a conversa que eu tinha comigo mesma, sustentou a doença durante todo esse tempo.

### B – O diálogo interno:

O meu pensamento de "ninguém gosta de mim" logo gerou os sentimentos de rejeição e abandono. Daí estabeleceu-se esta conversa dentro da minha mente: "Ninguém me ama e ninguém gosta de mim". Dessa forma, imagens mentais compatíveis com esse diálogo foram sendo construídas e a programação de negatividade foi se instalando, e para não sofrer a dor da rejeição, eu já rejeitava.

### C – A programação mental negativa:

A ida para o Rio de Janeiro, os maus tratos que sofri, a solidão, a doença, os abusos de diversas naturezas que passei, todos esses acontecimentos foram programados na minha mente de forma negativa, e quando retornei para a casa dos meus pais, como minha programação era de rejeição e abandono, obviamente iria atrair mais rejeição e abandono, e foi isso o que aconteceu. Tudo para confirmar as minhas crenças. A prova disso é que as crianças da vizinhança e meus irmãos não me aceitavam, faziam *bullying* comigo, diziam que eu falava "carioca", então eu não consegui me conectar com as pessoas ao meu redor, eu não me sentia pertencente àquela família.

### D – As consequências da programação negativa:

Pela percepção negativa que tive na infância de que não era amada pela minha família, de forma inconsciente, utilizei a doença como uma estratégia para receber amor e atenção. Isso me custou caro, pois, aos 25 anos, quando engravidei, entrei em um processo de fragilidade e carência, e durante toda a gestação tive asma. Isso resultou em uma gravidez complicada, pois Roberta, minha filha, teve uma hipóxia cerebral (falta de oxigênio no cérebro) e nasceu com o quadro de paralisia cerebral. Logo em seguida, o meu casamento terminou de forma inesperada e eu tive que cuidar da minha filha sozinha. Nessa época, eu estava cursando a residência médica. Hoje, Roberta está adulta, cadeirante, com limitações. Aos 30 anos, fiquei grávida pela segunda vez, e agora estava com dois problemas: uma criança de cinco anos em tratamento de paralisia cerebral, que necessitava de atenção e cuidado, e uma nova gestação. Eu me "virava nos 30" para dar conta dela e de plantões médicos, pois precisava pagar as contas de sobrevivência. Claro que eu queria muito ter mais um filho, mas aquele momento era de muita provação para mim. Essa gestação acontecera dentro de um relacionamento que, apesar de três anos de existência, apresentava muita instabilidade. Nós dois estávamos com muitas dificuldades emocionais e nos separamos pela primeira vez no início da minha gestação. Doente física e emocionalmente, fui procurar ajuda e essa foi uma das melhores escolhas de minha vida. Encontrei o profissional, hoje meu amigo, Paulo Chaves, a quem quero citar seu nome pela importância que teve na minha vida, pois me tirou de um lugar de miséria emocional, a um lugar de amadurecimento de uma mulher adulta, por meio de um processo terapêutico que durou dois anos, e com esse processo aprendi como curar a minha autoestima e minha autoimagem. E desde os 30 anos invisto diariamente no meu crescimento pessoal, cuido da minha saúde e gerencio minhas emoções.

### E – Mecanismos de sobrevivência:

Você pode estar se perguntando: como pode uma pessoa que teve uma infância tão miserável ter conseguido assistência para ser cuidada física e emocionalmente somente aos 30 anos, ter sido alfabetizada aos 9 e, aos 18, ter passado no vestibular para medicina em uma universidade federal? Para responder a essa pergunta tão oportuna, vou contar o que aconteceu: ao retornar do Rio de Janeiro, me sentia rejeitada por tudo e todos, e o meu maior sonho era voltar para a escola. Já era mês de abril, as aulas já haviam começado, o meu irmão José, cujo apelido é Ferro, estava cursando a segunda série, e eu queria estar junto dele. Porém, estávamos com um desafio: eu já tinha idade para estudar na classe da alfabetização, mas não sabia ler nem escrever para estar junto ao meu irmão. A diretora da escola ficou preocupada, pois sentiu a minha ansiedade e meu desejo de estudar. E perguntei para ela se caso eu fizesse um teste e passasse ela me deixaria ficar na mesma sala que meu irmão, e a direção da escola disse que sim, que bastava aprender a ler, escrever e saber a tabuada. Ela me deu uma cartilha do ABC e uma tabuada. Peguei aquelas duas cartilhas com muito zelo e fui para debaixo do pé de manga no quintal de casa. Todos os dias de manhã, até escurecer, ficava estudando e me visualizando de farda, na escola, assistindo à aula e comendo a merenda que tinha um cheiro muito bom. Durante dias ou semanas, não me lembro o tempo exato, debaixo daquele pé de manga, ia em casa para apenas comer e dormir. Ninguém sentia minha falta em casa, minha mãe sabia onde estava. Só parei quando sabia toda a tabuada e toda a cartilha, consegui aprender a ler e a escrever qualquer frase e a entender as quatro operações. Fui para o teste. No dia do teste, estava aflita, meu coração batia muito forte, queria muito ver o teste da segunda série. Entrei na sala da diretoria. Havia um birô preto, alto, uma cadeira de madeira estilo Luís XV, acolchoado de veludo vermelho, e muitos quadros com fotos de formaturas, a foto do presidente da República, do governador do Estado e do prefeito da cidade (naquela ocasião não sabia quem eram aqueles homens, mas me lembro dos quadros nas paredes). Estar naquela diretoria era um acontecimento muito importante, era a oportunidade de ir para a segunda série. Quando a diretora entregou a prova, escrevi umas três folhas de papel pautado, e no meu dedo mínimo fez um calo.

Terminei rápido. Quando entreguei, ela olhou para a prova, para a caligrafia, e depois de alguns minutos ela me chamou para perto dela e, olhando nos meus olhos, disse: "Wanicleide Leite, você é BRILHANTE! Acertou tudo, tirou nota dez, estou impressionada, você está matriculada na segunda série". E, a partir daquele dia, passei a honrar as palavras de Dona Antônia Amâncio, a diretora do grupo escolar Frei Alberto. E fui uma aluna brilhante durante toda a minha trajetória escolar. Esse fato serviu para mostrar que a minha crença de capacidade foi sedimentada e, a partir daquele momento, eu vi que eu podia fazer tudo, pois eu era brilhante.

Esse acontecimento "Você Brilhante" me proporcionou uma visão positiva de mim mesma em relação às questões profissionais, mas nas outras áreas, financeira e de relacionamento, a minha autoestima, autoimagem e autoconfiança continuavam baixas.

## WANICLEIDE LEITE

"O que importa é a interpretação que se dá aos fatos."

Para equilibrar a minha autoestima e autoimagem, melhorar meu diálogo interno e ter autodomínio das emoções, fiz e faço até hoje as sete estratégias a seguir:

**1. Pratico o relaxamento do corpo combinado com exercícios de respiração:**
Considero o relaxamento do corpo uma ferramenta de fundamental importância para a preservação da saúde física e mental. A prática desse exercício precisa ser um hábito diário. Mas como relaxar? E o que significa relaxar o corpo e a mente? Desde criança somos educados a fazer tudo rápido e entramos no automatismo. Quantas vezes me peguei repetindo coisas completamente inconscientes! O relaxamento do corpo é exatamente um momento especial para controlar isso.

A prática pode ser feita sentada ou deitada, em local tranquilo onde se possa prestar atenção em cada parte do nosso corpo. Um fundo musical suave e um ambiente sem interferência ajudam bastante. Mas quando você aprende a relaxar o seu corpo, em qualquer lugar, em qualquer posição, se consegue fazer um relaxamento; por incrível que pareça, 60 segundos são suficientes para mudar o seu estado de tensão. E a respiração é a nossa grande aliada nesse processo. Utilize a respiração profunda: inspirar contando até quatro, segurar contando até quatro e expirar contando até quatro. Repita esse processo por quatro vezes e veja que diferença você terá no final do dia fazendo isso várias vezes.

**2. Faço visualizações mentais:**

É uma técnica poderosíssima, pois o cérebro não consegue distinguir o que real e o que acontece na mente. O tempo todo estamos visualizando algo em nossa mente e tudo que é visto na mente para o cérebro é realidade. Por isso é tão importante, nesse processo de autoconhecimento, que fique seletiva para onde direciona o seu foco mental. Mas quero lhe propor uma técnica de visualização criativa e com propósito!

Mas como realizar essa visualização?

É bem simples: basta fechar os olhos e imaginar seus objetivos como se já tivessem sido alcançados.

Mas antes, para realizar o exercício, siga estes cinco passos:

- Escreva os objetivos que quer visualizar;
- Desenhe as cenas (podem ser rabiscos);
- Leia os objetivos em voz alta e com entusiasmo;
- Sente-se ou deite-se confortavelmente;
- Se preferir, coloque uma música que ajude sua concentração;

Comece a sua viagem mental de visualização.

Para as suas imagens mentais: procure colocar cor e brilho, veja as cenas com detalhes, coloque som, escute o que é falado, ouça uma música, sinta sensações de felicidade e coloque o máximo de sentimentos nessa visualização.

Para ficar mais claro, vamos a um exemplo: se você imagina seu carro novo, se veja entrando dentro dele, sinta o assento do carro, veja o painel, sinta o cheiro de carro novo, inspire esse cheiro, sinta o vento no seu rosto, ouça o som da música que toca ao dirigir e se imagine com a pessoa que ama ao seu lado e sorria para ela, sinta a satisfação de alegria. Sinta a felicidade, aprofunde cada vez mais essa imagem com gratidão e bem-estar. Desfrute desse momento.

### 3. Acredito na teoria de que o semelhante atrai semelhante:

Nas estratégias para desenvolver a autoestima, é importante compreender o significado da frase "semelhante atrai semelhante", tomando como base o conceito de autoestima, que é o que penso e sinto a respeito de mim mesma. É necessário observar que o que tenho em meu entorno é resultado dos meus pensamentos. Existe uma lei mental que diz que "o igual atrai o igual" ou "semelhante atrai o semelhante", e isso significa que os pensamentos determinam a realidade do seu conteúdo. O pensamento é uma realidade mental que atrai a realidade física, portanto, é verdadeiro afirmar que pensamentos de fracasso atraem o fracasso e pensamentos de sucesso atraem o sucesso. Parece algo óbvio... E é! Pensamento de amor atrai amor, pensamento de ódio leva ao ódio e assim por diante. Todo mundo de alguma forma sabe disso, mas onde está o mistério? Está exatamente na negatividade em que se está imersa. E qual é a saída?

Primeiro: tomar consciência de seus pensamentos.

Segundo: gerenciar a sua comunicação. É uma questão de treino! Você pode estar se perguntando: "Eu sei disso, mas por que não consigo?". A dificuldade de sustentar o propósito e de manter pensamentos construtivos na mente o tempo todo se deve ao fato de que não vivemos sozinhos, sendo assim, o grande desafio está na convivência com as pessoas. Sustentar um padrão de pensamento construtivo, de amor, paz, harmonia, beleza, riqueza, diante de um ecossistema humano onde predomina a negatividade, é um desafio gigante, mas é necessário se blindar do que as pessoas falam e selecionar o que quer ouvir, pois os acontecimentos, a energia que circula e as crenças tudo isso contamina. Cada um atrai para a sua vida aquilo que foca. E se estou inserida em um ambiente de negatividade, óbvio que é isso o que vou atrair. Por isso é importante estar atenta e se perguntar: "Isso que estou recebendo da vida está vindo de onde?". Observe o seu entorno e faça suas escolhas conscientes. Provavelmente agora chegou a hora de exercitar o tão difícil "NÃO".

## 4. Entendo que a falha faz parte do crescimento:

A criança para andar precisa cair várias vezes, e só porque ela se levanta e cai novamente é que ela aprende a andar sem cair mais. O aprendizado se solidifica quando falhamos, temos consciência dos erros e seguimos adiante. Esse processo leva ao amadurecimento e a um valor importantíssimo para o desenvolvimento da autoestima, que é a autoaceitação. Dentro desse aprendizado de reconhecer as falhas é que se desenvolve o autoperdão. Na história da humanidade temos inúmeros exemplos de grandes realizações que os autores falharam centenas e até milhares de vezes. O exemplo clássico é o de Thomas Edison na invenção da lâmpada elétrica, e em sua biografia é contada esta história: a invenção da lâmpada, "filamentos incandescentes", modelo na qual usamos hoje em dia. Thomas Edison fez nada menos que 700 experimentos sem êxito durante anos e, em um belo dia, um dos seus discípulos, já desanimado com tantos fracassos, sugeriu a Edison que desistisse de futuras tentativas, porque, depois de

700 tentativas, não havia avançado um só passo. Edison o respondeu: "Avançamos 700 passos rumo ao sucesso, agora sabemos de 700 possibilidades que não deram certo". E, finalmente, em 1879, aos 32 anos, Edison concluiu a invenção da lâmpada elétrica, depois de realizar 1.200 tentativas. Esse é um exemplo importante para nos mantermos firmes em nosso propósito e para entendermos que é preciso aceitar as nossas falhas. Além de ser um exercício de humildade, é inteligente aprender com os erros.

### 5. Pratico a habilidade de me doar:

Qual a necessidade de desenvolver essa habilidade?

A importância de desenvolver a habilidade de doar-se é porque enquanto você se doa ou doa algo seu, seja por uma ação ou doação de algum objeto pessoal, você está emitindo para o seu cérebro uma poderosa mensagem: "Eu sou abundante e próspera, posso doar e continuar sendo abundante". E, além do mais, só doa quem tem para doar, e quem tem sempre terá. A neurociência comprova que quando agimos em direção a ajudar o próximo, o nosso sistema neuroendócrino é ativado e substâncias químicas são produzidas. Estas ativam o sistema límbico, que é a área do cérebro onde se encontra o prazer e a satisfação. E sensações de alegria e bem-estar são sentidas pelas pessoas que estão realizando essas atividades de ajuda ao próximo. Por isso que se diz que o ato de doar e de ajudar o próximo aumenta a felicidade. Doar faz bem primeiro a você e depois para os outros.

## 6. Cuido dos meus contágios sociais (conexões):

O que é o contágio social? A palavra contágio na medicina remete a algo ruim, contágio de uma doença, por exemplo. Mas aqui tem dois significados: tanto pode ser algo muito bom, excelente, como também pode ser terrível, que possa trazer sérios problemas. Atualmente está se falando muito sobre contágio social e esse assunto não foi invenção, existe uma teoria muito respeitada no mundo sobre o tema. Para mim, adoto esse conceito como um determinante forte de elevação da autoestima, como também da destruição da mesma. Essa teoria do Contágio Social foi desenvolvida por dois pesquisadores, um cientista social de Harvard (Nicholas Christakis) e outro da Universidade da Califórnia (James Fowler). O contágio social é necessário para vivermos em comunidade. As nossas relações interpessoais são necessárias, mas precisamos fazer escolhas, pois, da mesma forma que uma relação saudável faz bem e é tão importante, as relações tóxicas são nocivas e destruidoras. O humor de uma pessoa pode elevar ou destruir o seu dia. Os pensamentos, os sentimentos, as crenças das suas relações interpessoais são capazes de determinar o seu sucesso ou seu fracasso. Lembra da célebre frase "me diz com quem andas, que digo quem tu és"? Pois é, provavelmente você já deve ter tido benefícios com suas relações, como também ter obtido prejuízos. Agora faça uma reflexão para estas perguntas:

Como você tem gerenciado suas relações?

Quais os pensamentos e sentimentos nos quais você tem sido influenciada?

E quem a influencia?

### 7. Foco sempre nas minhas qualidades:

Como todas as estratégias para aumentar a autoestima, quero enfatizar a importância de focar nas qualidades, acredito que essa estratégia deva ser praticada minuto a minuto, pois, nós mulheres, temos uma crença contrária sobre nós mesmas. Ao invés de focarmos nas qualidades, reconhecermos o quanto somos boas e competentes, focamos nos nossos defeitos, pois somos programadas para acreditar que precisamos ser "humildes", e se focarmos no nosso melhor, podemos ser julgadas de esnobes e arrogantes.

**Ser PLENA**

Pensar bem de você, reconhecer suas qualidades, sentir-se bem, feliz e satisfeita com suas virtudes e comunicar para você e para o mundo essa maravilha que você se esforça em ser são obrigações. O terrível é falar mal de você mesma, reclamar, se vitimar, só encontrar a negatividade e, pior, evidenciá-la.

Há uma característica que eu admiro no homem: o hábito que ele tem de se autovalorizar. É raro aquele que demonstra baixa autoestima. De um modo geral, os homens são autoconfiantes e sempre pensam de si o melhor, independentemente de sua aparência física, de sua profissão ou do quanto têm no bolso.

Convido você a fazer um exercício poderoso:

Escreva 20 qualidades que você vê nas pessoas que admira.

1. _____
2. _____

## WANICLEIDE LEITE

3. _____
4. _____
5. _____
6. _____
7. _____
8. _____
9. _____
10. _____
11. _____
12. _____
13. _____
14. _____
15. _____
16. _____
17. _____
18. _____
19. _____
20. _____

Pronto, agora que você escreveu, perceba que essas qualidades existem dentro de você, a prova disso é que você as viu em alguém.

Próximo passo: você deve escolher dez dessas qualidades e passar 21 dias repetindo-as diante do espelho ao acordar, até essas qualidades passarem a fazer parte da sua estrutura psicológica.

Ao terminar os primeiros 21 dias, continue com as outras dez, até fortalecer a sua identidade de forma positiva, e com isso você terá uma autoestima inabalável. Observação: você pode acrescentar a essa lista quantas qualidades quiser.

Uma ferramenta que utilizo nas sessões de terapia para a autoestima é a seguinte:

Escreva 20 características positivas e 20 características negativas que você pensa e sente que as pessoas da sua convivência pensam e sentem sobre você:

# WANICLEIDE LEITE

**20 características positivas:**

1. _____
2. _____
3. _____
4. _____
5. _____
6. _____
7. _____
8. _____
9. _____
10. _____
11. _____
12. _____
13. _____
14. _____
15. _____
16. _____
17. _____
18. _____
19. _____
20. _____

**20 características negativas:**

1. _____
2. _____
3. _____
4. _____
5. _____
6. _____
7. _____
8. _____
9. _____
10. _____
11. _____
12. _____
13. _____
14. _____
15. _____
16. _____
17. _____
18. _____
19. _____
20. _____

## WANICLEIDE LEITE

## "A sua autoimagem faz toda a diferença no seu desempenho!"

Após ter me dedicado a trabalhar com disciplina essas ferramentas, as minhas representações internas, os sons da minha mente, a voz, o diálogo, o que eu dizia para mim mesma, a música que tocava dentro de mim, as imagens que eu via eram de uma mulher feliz e livre, isso fez com que a minha postura física mudasse; e a forma como passei a me ver na minha mente foi e é responsável pelo meu desempenho em todas as áreas da minha vida. De uma postura de ombros caídos, cabeça baixa, olhar sem brilho, andar devagar, caracterizando uma postura de vítima e de coitadinha, passei a ter uma postura de ombros elevados, cabeça erguida, não arrogante, com brilhos nos olhos, andar autêntico e firme e total autoconfiança.

## AUTOCONFIANÇA

Ainda olhando o mar, me lembrei que foi aquele bairro, o Cabo Branco, que me acolheu quando em 1988 vim morar nesta cidade. O mar, poderoso, receptor de todos os rios, rico de seres viventes, livre e flexível para ir e vir com suas ondas, gigante e belo, me revelou o mais completo conceito de autoconfiança. Teoricamente, autoconfiança é a convicção de que você é capaz de fazer ou realizar algo.

Ampliando o conceito a autoconfiança, temos a autoexpressão, que é a forma como me comunico comigo e com os outros. O que penso e sinto sobre mim mesma me leva a uma comunicação, ou seja, a uma fala, um gesto, uma postura, um olhar a respeito desse pensamento e desse sentimento. Isso me leva à forma como me apresento para o mundo.

## WANICLEIDE LEITE

**"A forma que você fala, anda e gesticula faz toda a diferença no relacionamento com você mesma e com os outros!"**

Observando o mar, vi que ele se comunica com sabedoria. Ele recebe, acolhe tudo que chega e devolve suavemente, sem violência, o que não lhe serve. Usa a suavidade e a força na hora certa e é dessa forma que precisamos trabalhar a arte de se comunicar. Fala-se que alguns já nascem com o dom, outros precisam aperfeiçoar. Seja como for, o tempo todo estamos nos comunicando e a forma como essa comunicação acontece é o que faz a saúde ou a doença, a alegria ou a tristeza, a dor ou o contentamento, a paz ou a guerra, a riqueza ou a pobreza, a prosperidade ou a miséria, a felicidade ou a infelicidade.

O seu sistema de crenças, que é aquilo em que acredita, é o que impede que você consiga exercer a capacidade de se autoexpressar, ou seja, se comunicar de forma adequada. Então reflita:

**Como está a sua comunicação consigo mesma?**
**Como você se comunica com o mundo?**
**O que e como você fala de você nas áreas profissional, financeira e sexual?**
**Como está a sua postura física?**
**Quais os conteúdos predominantes na sua comunicação?**
**São palavras construtivas ou destrutivas?**

Ao responder a essas perguntas, você vai observar que muitos dos seus resultados estão diretamente ligados à forma como você se comunica. Precisei praticar algumas estratégias para melhorar a minha comunicação e continuamente as observo. São elas:

## 1. Cuidar do que faço

Essa estratégia parece ter pouca importância, mas é exatamente essa atenção no que você faz que vai determinar se é uma pessoa de sucesso ou uma pessoa fracassada. Certa vez fiquei impactada com algo muito simples, mas que me trouxe um grande ensinamento: "O que faz a diferença não é somente o que você faz, mas como você faz". Conheci um gari, que varria a rua onde eu deixava o meu carro bem próximo do consultório. Todos os dias ele me dava um sorridente e alegre "bom dia", e dizia: "Tenha um dia maravilhoso com graça e paz". Era um senhor negro, magro, alto, com dentes brancos e sorriso largo. Passaram-se os anos e ele continuava no mesmo trabalho e com a mesma atitude, demonstrando felicidade e gratidão pela vida. Nas épocas de Natal e Páscoa, eu sempre lembrava de lhe dar um panetone e um ovo de

Páscoa. Ele sempre muito grato. E todos os dias repetia a mesma frase desejando bênçãos. Estava sempre de ótimo humor e cantarolando. Um belo dia, parei e perguntei: "Seu Jorge, o que faz com que seja tão bem-humorado e sorridente?". Ele me respondeu: "Doutora, eu sou um homem abençoado, tenho o privilégio de varrer a rua de Deus e mantê-la limpa para seus filhos passarem". Fiquei sem palavras! Mas confesso: fiquei envergonhada por todas as vezes que reclamei e murmurei. Seu Jorge é um exemplo claro da frase: "O que importa não é o que você faz, mas sim como você faz". E eu sou grata a ele por esse ensinamento.

### 2. Cuidar da sua aparência

Aqui o meu comentário precisa ir além da aparência física. Claro que roupas adequadas, cabelos, unhas, dentes, gestos, tudo isso é muito importante. Mas o que quero chamar a atenção é para a aparência interna, ou seja, o que você está transmitindo com o seu humor, com sua postura, com sua voz, com o seu olhar, com suas palavras e com o tom das suas palavras.

Lembrando de Seu Jorge, um homem especial que transmitia aquilo com que o seu coração estava cheio, ele comunicava para o mundo uma beleza interior fenomenal, que também refletia na externa, pois eu o via como um homem saudável, bonito, feliz, independente da conta bancária dele e da função profissional que estava na sua carteira de trabalho.

### 3. Cuidar do que falo e como falo

Cuidar do conteúdo da conversa é verdadeiramente importante para não falar bobagens. Nós mulheres temos a "fama" de falar demais e eu vejo essa fama como um ponto negativo. É verdade que muitas mulheres falam além do necessário, mas homens também falam muito, porém a fama recai na mulher de forma pejorativa. Por isso, é importante para a mulher buscar conhecer o Sagrado Feminino.

Mas o que é o Sagrado Feminino?

O meu objetivo não é adentrar na filosofia do Sagrado Feminino, apenas explicar que a mulher é um ser diferenciado em relação a seu corpo, seu funcionamento hormonal, sua estrutura psicológica e habilidades racionais e emocionais comparada ao homem. Não quero trazer polêmica do "quem é mais", apenas que a mulher é muito diferente do homem. O Sagrado Feminino é uma filosofia milenar que estimula a mulher a ter autoconhecimento do seu corpo físico, eliminar os tabus da sua genitália, compreender e aceitar sua menstruação como uma bênção, e não reclamar dizendo "na próxima encarnação quero nascer homem!" (não fale isso nem de brincadeira, pois você se amaldiçoa como mulher); agradecer pela capacidade de gestar, poder escolher vivenciar a experiência de gestação e, quando o climatério chegar, poder desfrutar dessa fase de maturidade e novas descobertas; receber a menopausa com alegria e envelhecer sem ficar velha. Tudo isso é construir uma autoestima de reconhecimento de suas habilidades emocionais e potencialidades mentais. O Sagrado Feminino é também um estilo de vida no qual a mulher vive em conexão consigo mesma e com a natureza. Buscar incessantemente o autoconhecimento é fundamental.

> "Quando uma mulher fala com sabedoria e segurança, todos a escutam."

### 4. Cuidar da minha postura corporal

A arte de se comunicar envolve diversos aspectos, como a palavra, a fala, o tom da voz e os gestos, mas a postura é determinante. A pessoa não precisa abrir a boca para comunicar o seu estado interno, a postura corporal é responsável por essa comunicação.

A postura traduz a autoconfiança. Uma pessoa insegura tem uma postura cabisbaixa, não olha nos olhos e tem ombros caídos.

A abordagem da psicologia cognitivo-comportamental defende o seguinte princípio:

$$P > S > A = R$$

Pensamentos conduzem a sentimentos. Sentimentos conduzem a ações. Ações conduzem a resultados.

Para a compreensão desse conceito, em minhas palestras e treinamentos, para que as participantes compreendam na prática como funciona, faço os seguintes exemplos:

**Primeiro exemplo:** peço para elas pensarem em um limão: a cor, o cheiro... E, em seguida, peço para que observem o que aconteceu. Todas, sem exceção, respondem que estão com a boca cheia de saliva e com a sensação do azedo do limão. Essa demonstração comprova que não precisa ter o objeto físico para o corpo responder neuroendocrinologicamente a um pensamento. Todas referem-se à sensação de azedo, isso significa que estão apresentando um sentimento e o sentido da gustação respondeu ao pensamento, que nesse caso foi a representação mental do limão. E ao sentir o azedo do limão, as glândulas salivares liberaram a saliva, em resposta neuroendócrina ao pensamento, que no caso foi o limão. O sentimento ou sensação constituiu uma ação e o resultado foi a salivação.

**Segundo exemplo:** os mudras e a respiração. Mudras são gestos com as mãos. Aprendi com a Medicina Ayurvédica que a posição dos polegares de ambas as mãos tem uma relação direta com a distribuição do ar dentro dos pulmões durante uma inspiração. A prática ocorre da seguinte forma: peço para fecharem ambas as mãos com os polegares voltados para cima (posição do "legal"), peço para respirarem profundamente e repetirem três vezes, observando qual parte do pulmão que o ar se concentra mais.

Em seguida, peço para moverem o polegar para a posição horizontal, fazer mais três respirações e observar em qual parte do pulmão ocorre a maior concentração de ar. Em seguida, peço para posicionarem os polegares para baixo, em direção ao chão, e novamente peço para realizar três respirações.

**Conclusão:** incrivelmente, os pulmões respondem à posição dos polegares.

    **1. Polegares para cima:** parte superior dos pulmões.

    **2. Polegares na horizontal:** parte média dos pulmões.

    **3. Polegares voltados para baixo:** parte inferior dos pulmões.

Essas práticas demonstram que os nossos resultados estão sempre alinhados às nossas ações, e essas dependem diretamente dos sentimentos e esses dos pensamentos. Ironicamente, quem pensa e sente somos nós, ninguém pensa e sente por você. Daí a urgência de compreendermos o conceito de autoaceitação, pois é como diz o ditado popular: "Aceita que dói menos".

## AUTOACEITAÇÃO

A autoaceitação foi um dos maiores desafios que trilhei nessa jornada do autoconhecimento. Aceitar a si mesma, aceitar como você é, gostar de si, ser responsável pelos seus pensamentos, sentimentos, escolhas e resultados é ter autorresponsabilidade. Durante muito tempo, me coloquei no lugar da vítima, que o mundo me devia e que eu era injustiçada. Pensando e nutrindo esses sentimentos, eu mantinha o ciclo vicioso, e cada vez mais reforçava as crenças de vitimização. Quando luto comigo mesma, não me aceitando como sou, vou aumentando a rejeição a mim mesma e, sendo assim, como posso querer que as pessoas gostem de mim e me aceitem?

Dentre tantas reflexões que tive sobre esse assunto, tem uma na Bíblia, em Mateus 7:3-5, que me chamou bastante a atenção: "E por que reparas tu no argueiro que está no olho do teu irmão, e não vês a trave que está no teu olho? Ou como dirás a teu irmão: Deixa-me tirar o argueiro do teu olho, estando uma trave no teu? Hipócrita, tira primeiro a trave do teu olho, e então cuidarás em tirar o argueiro do olho do teu irmão". E assim eu me percebi hipócrita e ingrata. Eu estava olhando somente para o que me faltava e não agradecia pelas bênçãos que já havia recebido.

Constantemente as mulheres nos mais diversos cenários me perguntam: "Dra. Wani, como faço para elevar a minha autoestima?" Ou então: "Como faço para me tornar uma mulher plena?". A resposta é muito simples:

aceite-se como você é e agradeça pelo que você já tem. Esse é o ponto de partida! Neste livro, estamos focando na releitura de nossas vidas e a autoaceitação é o primeiro passo. Somente se pode mudar o que se conhece e somente aceitando a realidade como ela é, seguimos em direção à mudança.

Reconhecer que não temos as emoções, mas, sim, as emoções que nos têm, e aceitar que eu não domino a minha raiva, mas, sim, que a minha raiva é que me domina, são atitudes importantes. Quando não aceitamos a realidade como ela é, passamos a ter reações paralisantes por causa do medo, que nos domina de tal forma que não conseguimos ter uma atitude assertiva. São inúmeras as situações do nosso cotidiano, nem nos damos conta de como nos rejeitamos, não aceitamos a nós mesmas e essa briga, seja do ponto de vista físico, seja das nossas conquistas, nos leva a um desequilíbrio emocional cada vez maior, e, em consequência, a uma distância do autodomínio das emoções. Só caminhamos em direção ao autodomínio quando nos aceitamos como somos, e só assim podemos investir em como poderemos melhorar.

**"A autoaceitação é um exercício da humildade."**

## AUTODOMÍNIO

E o que é autodomínio?

Antes de conceituar o autodomínio, quero falar de autocontrole, pois são significados totalmente diferentes, mas fáceis de confundir. Ter autocontrole no dia a dia é muito importante para o convívio social, mas não é suficiente para manter a sua boa saúde física, emocional e mental. O importante e necessário é ter autodomínio.

E qual a diferença entre autocontrole e autodomínio?

## WANICLEIDE LEITE

Autocontrole é a capacidade de sustentar um sentimento, uma opinião e uma reação para o mundo externo. É controlar os impulsos mesmo que esteja "morrendo por dentro", é se segurar para não explodir. É controlar-se por meio da fala, gestos e postura para manter a aparência de controle. É minimizar o impacto externo, ou seja, controlar a ação no momento, mesmo sendo impactado pela emoção. Esse comportamento gera doenças físicas e emocionais, pois é como uma panela de pressão, que sustenta o vapor, mas pode explodir a qualquer momento.

O autodomínio é uma meta a ser perseguida, pois é a capacidade de manter-se emocionalmente estável, de observar emoções, julgamentos e pensamentos. É observar o que está acontecendo e ver o fenômeno se manifestar sem querer intervir, porém intervindo com equilíbrio quando necessário.

No autocontrole a reação é externa, já no autodomínio a reação é interna. Quem adquire o autodomínio usufrui da vida na sua plenitude, pois está muito mais conectado consigo mesma do que com o que acontece no mundo externo.

Para conquistar autodomínio é importante saber quais são seus valores e o que de fato é importante para a sua vida. Sendo assim, proponho um exercício: escreva a seguir quais são as dez coisas mais importantes da sua vida, aquilo que você não abre mão por nada, aquilo que justifica a sua razão de viver. Por exemplo: a sua conexão com Deus (independentemente de religião), a sua saúde física, emocional e mental (de modo que você fará o que for possível para mantê-la), sua família (a harmonia, o amor, filhos e cônjuge), a sua profissão (a sua dedicação ao seu trabalho), amigos sinceros, o patrimônio, seus rendimentos, seus negócios, sua vida sexual.

Escreva quais são as dez coisas mais importantes da sua vida:

1. _____
2. _____
3. _____
4. _____
5. _____
6. _____
7. _____
8. _____
9. _____
10. _____

Pronto! Agora que você já visualiza as dez coisas mais importantes de sua vida, que são os seus valores, o próximo passo é exercitar a aplicação na prática, pois o conhecimento sem prática não vale nada, é um tesouro no fundo do mar, você sabe que existe, mas não pode usufruir dele. É evidente que, a partir do momento em que você se determinar a trabalhar o seu autodomínio, não será tão simples assim, pois terá que aceitar as suas reações, passar pelo autocontrole e, com o hábito de autocontrolar-se, vai amadurecer emocionalmente e, naturalmente, você conquistará o autodomínio das suas emoções com facilidade. Chegará o momento em que situações acontecerão, mas você vai conseguir se manter no seu centro, sem se abalar internamente, e isso é autodomínio. Quando chegamos neste ponto, estamos preparadas para fazer escolhas conscientes.

# Capítulo 4

*"Para colher o que desejo, preciso semear de forma consciente, mas para isso acontecer depende só de mim escolher as sementes certas."*

WANICLEIDE LEITE

## Capítulo 4
## O CICLO DA SEMEADURA

Naquela manhã do meu aniversário, depois de contemplar o mar, continuei caminhando pela areia da praia e logo em seguida fui para casa. Naquele dia tinha um compromisso no interior, na minha cidade natal Fagundes. Já na estrada continuava vindo em minha mente todas as reflexões do que acontecera pela manhã. Daí fui observando como a geografia do litoral ao agreste é rica e como a natureza é inspiradora. Fui me lembrando de quando era criança, que chovia e pegávamos as sementes de milho, feijão, jerimum e melancia, abríamos a cova e lançávamos a semente na terra, cobríamos aquela semente e íamos embora para outros afazeres. O tempo passava e, em determinado momento, todas aquelas sementes se transformavam em lindas plantações. O detalhe importante é que, para a semente ser plantada, era necessário que a terra estivesse molhada, preparada para receber as sementes, e eu fiz uma analogia: as sementes são os pensamentos e a terra, a mente. E tudo isso se explica no ciclo da semeadura.

## COMO FUNCIONA O CICLO

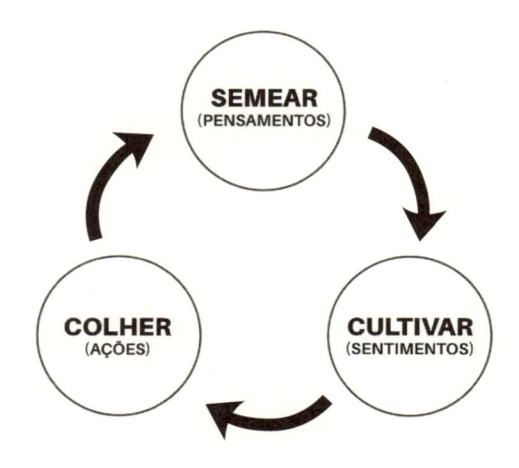

- SEMEAR (PENSAMENTOS)
- CULTIVAR (SENTIMENTOS)
- COLHER (AÇÕES)

## WANICLEIDE LEITE

Essa dinâmica do plantar, cultivar e colher me fez refletir sobre os resultados que eu estava tendo na minha vida até aquele momento. Diante dos resultados insatisfatórios, eu me perguntava: "O que está acontecendo?".

Tinha algo no meu ciclo da semeadura que precisava ser analisado, pois eu estava fazendo tudo no automático: plantar, cultivar e colher. A minha colheita não estava satisfatória porque eu continuava plantando as mesmas sementes da colheita. Não estava dando para mim um tempo para meditar, analisar, cuidar dos pensamentos e sentimentos. Estava vivendo no automático. Deita, dorme, acorda, levanta, vai trabalhar, resolve a demanda do dia, e assim o tempo vai passando. Ali estava o problema! Imagine que se eu plantei sementes de feijão, colhi feijão, é claro, mas essa semente estava estragada, pois foi replantada sem passar pelo critério do preparo.

O que significa esse preparo?

O feijão é feijão, mas pode estar danificado, contaminado com algum veneno, ou pode ser um grão pequeno, desnutrido. Esse grão, para a nova semeadura precisa ser analisado, pois muitas mutações invisíveis podem acontecer com essa semente. Percebi que os meus pensamentos sofriam danos. Lembrei do meu contágio social e também como estava negligenciando a atualização dos acontecimentos do dia a dia, e os meus pensamentos estavam comprometidos, e os sentimentos tóxicos estavam se acumulando. Por isso, é necessário fazer uma faxina interna, e jogar fora tudo que não serve, e atualizar os sentimentos.

E surgiram alguns questionamentos nesse sentido:

*Que frutos (pensamentos) são esses?*
*São resultados de quais padrões mentais?*
*Essas sementes podem ser replantadas?*
*Que providências preciso tomar para a nova semeadura?*

E com essa nova visão estabeleci um novo ciclo da semeadura:

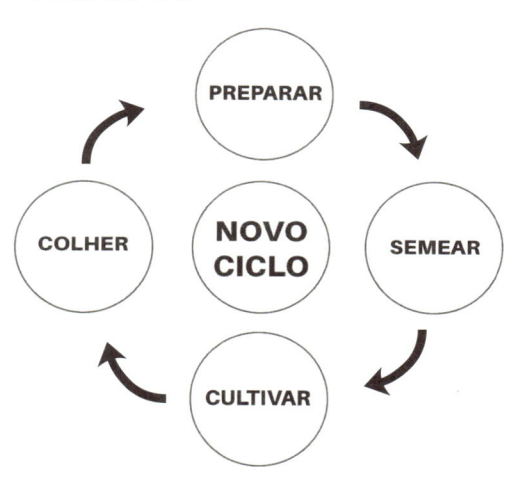

Ciclo: PREPARAR → SEMEAR → CULTIVAR → COLHER → (NOVO CICLO)

## Preparar para a semeadura: como fazer isso?

É de conhecimento de todas como se faz uma plantação na terra. Preparar uma semente para replante e preparar a terra é fácil de visualizar, mas, quando essa semente é o pensamento e esse terreno é a mente, o desafio é bem maior. Para facilitar, recorri à minha história de infância: o fato de ter sido afastada de minha família – e tudo que adveio desse acontecimento – me programou de forma tóxica, e eu me tornei vítima e doente. E para sair desse ciclo e criar outro foi necessário aceitar os acontecimentos, fazer escolhas para semear, aprender a cultivar e esperar o tempo certo da colheita. Todo esse processo foi construindo uma nova programação mental. E para o estabelecimento desse processo, objetivo do nosso livro, existem técnicas específicas.

## REPROGRAMAÇÃO MENTAL

Observe as equações:

1. Autoestima + Autoimagem + Comunicação + Ações = Modelo mental
2. Pensamento + Sentimento + Ação = Padrão de comportamento

Essas duas equações são as chaves para a reprogramação mental! Até o presente momento, aprofundamos nos conceitos dos elementos das equações. A primeira: autoestima, autoimagem, comunicação, ações que resultam em modelo mental. E, também, a segunda equação, que é o pensamento, o sentimento e a ação que resulta em um padrão de comportamento. Mas agora, antes de adentrarmos na reprogramação, se faz necessário comentar alguns conceitos importantes para que se possa compreender como se está programando. São estes: paradigmas, crenças e princípios.

## PARADIGMAS X CRENÇAS X PRINCÍPIOS

Esses três elementos do autoconhecimento são confusos para se compreender teoricamente, por isso vou continuar a contextualizar com a minha história: chegando a Fagundes, me convencia cada vez mais de que aquele dia era mais do que especial. Naquela casa de minha infância, havia apenas lembranças de meus pais. Ambos mudaram de endereço cósmico, ou seja, faleceram há alguns anos. Minha mãe foi primeiro, aos 82 anos, em 2007, e meu pai aos 84 anos, em 2009, mas tudo estava no mesmo lugar. Dava para ouvir a voz do meu pai, ordenando minha mãe a colocar o café para ele. A garrafa de café e a xícara estavam em cima da mesa, com distância de apenas alguns centímetros da mão dele. Diante do silêncio da casa, conseguia ouvir aquela voz forte e determinante: "Preta, bota o meu café!". E ela, pacientemente, colocava o café dele na xícara, e esse gesto se repetia várias vezes ao dia. Saí caminhando na direção do barreiro, que era um reservatório de água para manutenção da casa. E me sentei debaixo do pé de manga, para onde me refugiava para estudar. Ali também tinha um córrego, por onde escoava a água da chuva que enchia o barreiro. No tempo de estiagem, no córrego havia uma areia branca e lisa. Foi naquela areia que aprendi a tabuada. Eu escrevia os números com um pedacinho de pau e assim aprendi a fazer contas. Então, diante de tantas lembranças da minha infância, me deitei debaixo do pé de manga. Aquela sombra, aquele vento e aquele silêncio trouxeram-me uma visão ampla de alguns conceitos que precisavam ser organizados na minha mente. E alguns conceitos foram ficando claros:

**Sobre paradigmas:**

1 – Tudo o que havia acontecido comigo até aquele momento não importava, o que de fato importava era o que eu aprendi com tudo o que aconteceu e o que eu levaria de construtivo para a minha vida a partir daquele momento;

2 – A atitude é o que determina o lugar na vida;

3 – A forma como percebo o mundo e a minha crença de mundo que, para mim,

é 100% real, é o que chamamos de PARADIGMA;

4 - Paradigmas são preconceitos e valores;

5 – Um paradigma é diferente de um fato. Exemplo: o fato é algo que aconteceu, todos concordam com esse acontecimento e ninguém tem dúvida. Já paradigmas são situações que só são verdadeiras para quem acredita. Exemplo de paradigma: o sofrimento faz parte da vida. É fato que na vida existe sofrimento, mas não necessariamente é preciso viver sofrendo. Tem uma frase famosa que diz: "A dor é inevitável, mas o sofrimento é opcional". Quem está inserido no paradigma "o sofrimento faz parte da vida" vai ficar alimentando sofrimentos desnecessários e perde tempo de viver feliz. Existem paradigmas sociais, culturais, profissionais, familiares e financeiros. E dependendo de como você é inserido neles, serão determinados os seus resultados. O nosso cérebro funciona por

comparação, por parâmetros. Só percebemos a presença do ar (oxigênio) quando estamos em um ambiente sem a presença dele, porque ficamos asfixiados. Os paradigmas interferem nos nossos resultados porque nem sempre percebemos que estamos inseridos neles. O paradigma determina o modo como você vive.

O paradigma da minha cidade era que estudar Medicina era para filho de rico. Eu queria ser médica, meus pais eram pobres, e ali eu me encontrava em um sonho, em um propósito que era paradoxal, totalmente contrário ao paradigma da sociedade local.

Quando adolescente eu dava aula particular para o filho do prefeito, e uma vez falei do meu sonho de ser médica para a mãe da criança. Ela, que sempre foi uma mulher rica, ficou com pena de mim e me disse: "Você é uma menina inteligente! Faça um curso para que você possa passar no vestibular, esqueça Medicina, pois não é para você, só quem passa em Medicina é filho de rico". Que meus pais eram pobres isso era verdade, mas o que isso tem a ver comigo passar ou não no vestibular para Medicina? Na hora em que questionei isso, dentro de mim nasceu um paradoxo[1].

E foi graças a esse paradoxo que prestei o vestibular para Medicina, passei, cursei e há trinta anos sou médica. Essa mudança de paradigma mudou a minha atitude. E isso influenciou a minha cidade, de forma que hoje Fagundes tem vários médicos filhos de pobres. Inclusive uma querida aluna que eu alfabetizei em 1982, Dra. Jaqueline de Andrade Fabrício, que concluiu o curso de medicina em 2012 e hoje é uma grande profissional que trabalha em urgência e emergência, e reside

---

[1] Paradoxo: pensamento, proposição ou argumento que contraria os princípios básicos e gerais que costumam orientar o pensamento humano, ou desafia a opinião consabida, a crença ordinária e compartilhada pela maioria.

em Campina Grande, a quem tenho grande estima e admiração.

Não posso deixar passar essa oportunidade de lhe fazer uma provocação:

Em quais paradigmas você está inserida do ponto de vista profissional, financeiro e sexual?

Escreva os paradigmas em que você está inserida referentes a essas áreas. E quais são os paradoxos para esses paradigmas?

**a) Profissional:**

**Paradigma:**

_____
_____
_____
_____

**Paradoxo:**

_____
_____
_____
_____

**b) Financeiro:**

**Paradigma:**

_____
_____
_____
_____

**Paradoxo:**

_____
_____
_____
_____

**c) Sexual:**

**Paradigma:**

_____
_____
_____
_____

**Paradoxo:**

_____
_____
_____
_____

### Sobre crenças:

1 - É o que eu acredito e é mais e maior do que o conhecimento;

2 - O que conheço pode se tornar uma crença

e depois da crença formada a tendência é tornar-se realidade. Se algo de bom acontecer na sua vida, está ótimo, mas se for algo ruim, segura a onda, não esqueça que foi a sua semeadura. O desejo de ser médica surgiu de uma forma muito especial. Já contei que vivi uma experiência muito dolorosa, e no mecanismo de somatização fiquei doente de asma, pois era a maneira mais fácil de ser vista e chamar a atenção. Na minha cidade, havia uma maternidade pequena que servia também como hospital para emergências. Era a Maternidade Santa Terezinha. Em uma certa madrugada, eu estava internada com crise de asma e, às 2 horas da manhã, tive uma piora e o médico do plantão foi chamado pela técnica de enfermagem. Fiquei muito surpresa ao ver aquele médico cuidando de mim com muito carinho e atenção. Não me sentia merecedora de tanto amor. E não bastou ele me medicar, mas ficou sentado ao meu lado conversando. E achei tão linda aquela atitude, que perguntei o que eu precisava fazer para ser médica, ele me disse que bastava somente passar no vestibular para Medicina e cursar a faculdade. Eu perguntei se eu poderia fazer, e ele respondeu: "Claro que sim". Estava com 14 anos e cursava a sétima série. Aquele sonho plantado na minha mente foi um momento de muita emoção, de forma que NADA, absolutamente NADA, me fazia pensar em algo diferente. Eu já dava aula particular de matemática e reforço escolar, mas me via médica.

As crenças se instalam nas nossas mentes em duas situações: em um momento de grande emoção ou por repetição. Quanto maior a emoção, maior a força da crença. E toda crença se realiza. O diferencial está na qualidade da crença: se for algo bom, a realização será produtiva, mas se for algo ruim, a realização será para a destruição. Uma vez estabelecida, a crença se autorrealiza. Para melhor compreensão, responda ao seguinte exercício e reflita acerca de suas respostas:

Quais as crenças nas áreas profissional, financeira e sexual em que você está inserida? Escreva a seguir:

**a) Profissional:**
_____
_____
_____
_____

**b) Financeira:**
_____
_____
_____
_____

**c) Sexual:**

_____

_____

_____

_____

**Sobre princípios e valores:**

A palavra princípio tem origem no latim *principium*, que significa origem, ou início.

No sentido desse material, princípio significa padrões ou normas de conduta a serem seguidas por um indivíduo.

O sentido de valor neste contexto significa que uma pessoa de valor é aquela que tem garra, coragem, talento, boa reputação perante si mesma e perante os outros. Na década de 1970, a cidade de Fagundes foi agraciada por Deus com a chegada das Irmãs Maria Belmar e Quitéria. Fui muito abençoada pela oportunidade, entre os meus 11 e 18 anos, de poder desfrutar de uma saudável convivência com elas, com quem, entre tantas outras coisas, aprendi sobre princípios e valores, e isso fez toda a diferença na minha vida. Princípios espirituais, morais e éticos foram o que me deram toda a base para a formação dos meus valores. De tudo que aprendi com as freiras, "amar a Deus sobre todas as coisas e ao próximo como a mim mesma" e reconhecer que "tudo foi feito por Ele e para Ele" foram as lições mais importantes. Uma vida pautada em princípios e valores não pode dar errado. Sou muito grata por essa oportunidade. Para uma melhor compreensão dos seus princípios e valores, responda à seguinte pergunta: Quais os princípios e valores que você nutre dos pontos de vista profissional, financeiro e sexual? Lembre-se de que são as coisas que você não abre mão por nada e nem por ninguém.

**a) Profissional:**

_____

_____

_____

b) Financeira:

_____
_____
_____
_____

c) Sexual:

_____
_____
_____
_____

## AUTOCONHECIMENTO = MUDANÇA DE PERCEPÇÃO

Conforme foi mencionado anteriormente:

"O que conta na vida não é
o que acontece, mas sim o que se faz
com o que acontece!"

Debaixo daquela mangueira, olhando para o córrego e para o barreiro, junto tinha um pé de pitanga e, também, uma touceira de bananeira com diversos pés de bananas e dois cachos de bananas verdes. Ao meu lado esquerdo, um laranjal, com diversos pés de laranja, carregados de laranjas maduras e, também, o pé de limão. Esse pé de limão era muito antigo e querido. Em muitos sábados, fui vender limão na feira, e como era bom voltar para casa com dinheiro e entregar à minha mãe!

E assim passou um filme na minha mente... Eu estava completando meio século de vida e, com isso, muitos sentimentos vieram à tona, e ao mesmo tempo uma cobrança do que fiz da minha vida, e uma sensação de felicidade e gratidão. Não resisti e chorei. Chorei de saudades, de tristeza, de alegria e gratidão.

Nesse momento entrei em contato com algo que buscava há mais de 30 anos: o meu autoconhecimento. E me conhecer significava naquele momento mudar a percepção que tinha dos acontecimentos. Tomei uma decisão: aceitar a minha história e ressignificar as minhas dores, transformando-as em aprendizado.

# Capítulo 5

*"Quando o meu olhar para dentro de mim é de compaixão e acolhimento da minha dor, um bálsamo cheiroso invade o coração e assim me irradio de gratidão."*

WANICLEIDE LEITE

# Capítulo 5
# RESSIGNIFICANDO A SUA HISTÓRIA

Após essa experiência em Fagundes, na semana seguinte participei de um curso em São Paulo, e durante a viagem reescrevi a minha história de vida em quadrinhos. Levei comigo um caderninho pequeno de capa dura e comecei a desenhar e reescrever a minha história, colorindo com lápis de cor (vale salientar que meus desenhos são verdadeiros rabiscos, pois, apesar de admirar muito quem desenha, nunca busquei a oportunidade de aprender e nem nasci com o dom dessa arte, mas o que vale é o que sai do coração). Quando criança não tive lápis de cor, mas sempre fui apaixonada por desenho. Hoje, sempre carrego comigo uma caixa de lápis de cor.

Durante muito tempo e até aquele momento, eu contei para mim e para o mundo uma história de vitimização. Reclamava porque tinha nascido em uma família numerosa e era a décima da casa, e que nada havia sobrado para mim. Isso não era verdade! De fato, nasci numa família numerosa de 15 filhos, mas quem disse que não fui amada, querida e desejada? Quem disse que não fui uma alegria para meus pais e meus irmãos? Quem disse que me faltou amor, carinho, atenção, cuidados e alimentos? Claro que tive tudo o que foi necessário, até porque o ser humano é o único ser vivo que não sobrevive sem cuidados, seja de quem for! Se o Tarzan, como diz a lenda, foi criado por uma macaca, e Rômulo e Remo, que foram criados por uma loba, tiveram amor, atenção e carinho, imagine eu com uma mãe, um pai e dez irmãos!

## WANICLEIDE LEITE

## "Como eu me vejo na minha imaginação determina o meu desempenho!"

Limpando o meu passado e me libertando da vitimização, pude acionar a minha força interna e construir a minha reprogramação mental. Convido você para agora ir comigo à mais fantástica história que é a viagem mental de reprogramação:

Ainda no avião, materializando a minha história nos rabiscos coloridos, pude perceber que estava fazendo algo fantástico, que era construir uma nova história para mim. Ali acabara de acontecer uma reprogramação mental de toda a história da minha vida. Os fatos e todos os acontecimentos estavam lá, fiéis, conforme aconteceram, mas os meus sentimentos e a forma como eu percebia estavam completamente diferentes.

Não existia dor nem vitimização, mas, sim, alegria e muito amor. Eu me senti envaidecida de pertencer a uma família tão grande e bonita. Esses sentimentos só crescem e hoje eu me sinto amada e querida, e hoje a relação com a minha família mudou completamente, sinto verdadeiro amor pelos meus irmãos e irmãs.

Para que aconteça a reprogramação, é necessário o autoconhecimento de sua programação. Nos meus cursos, utilizo a técnica da viagem mental à nossa casa de infância. Escolho uma área por vez: a profissional, a financeira e, por fim, a sexual.

Sugiro que você faça uma viagem mental de visitação à sua casa de infância. A técnica é bem semelhante à de visualização mental anteriormente descrita, porém difere em alguns detalhes:

- **Primeiro passo:** sente-se em uma posição confortável, coluna ereta e relaxe os ombros. Concentre-se na sua respiração, ela ajuda a relaxar o corpo e a mente;

- **Segundo passo:** utilize a respiração profunda (inspirar contando até quatro, segurar a respiração contando até quatro e expirar contando até quatro). Repita esse processo quatro vezes;

- **Terceiro passo:** viaje mentalmente até a sua infância e visualize com o máximo de detalhes os acontecimentos, vendo o que você viu, ouvindo o que você ouviu e sentindo o que você sentiu naquela cena;

- **Quarto passo:** ao finalizar a viagem, escreva em um caderno tudo o que aconteceu. Ao terminar, respire novamente. No quinto passo, você fará a segunda viagem;

- **Quinto passo:** agora você vai passar pelas mesmas cenas e vai visualizar como elas seriam se fossem vistas de forma positiva. Com o máximo de detalhe possível, você vai ver o que viu, ouvir o que ouviu e sentir o que sentiu, agora de forma positiva;

- **Sexto passo:** este passo é muito importante. Você vai escrever e desenhar em seu caderno a SUA NOVA HISTÓRIA. Procure fazer com lápis coloridos e com o máximo de detalhes possíveis;

- **Sétimo passo:** repita o quinto passo quantas vezes for necessário, até você acreditar que tudo o que aconteceu foi positivo, reconhecendo que antes teve a autopercepção e a comunicação dos fatos de forma equivocada.

## WANICLEIDE LEITE

**Meu convite:** utilize essa ferramenta durante o tempo necessário para a sua reprogramação mental, lembrando que a sabedoria é o conhecimento colocado em prática. Para ampliar as redes neurais na reprogramação mental e sedimentar a nova história, convido você a preencher a ferramenta seguinte, iniciando pela área profissional, depois a financeira e, por último, a profissional.

## SER PLENA NA ÁREA PROFISSIONAL:

|  | Nota de 0-10 | Estado Emocional |
|---|---|---|
| Autoestima | | |
| Autoimagem | | |
| Autoconfiança | | |
| Autoaceitação | | |
| Autodomínio | | |
| Minha nova atitude será: | | |

**0 a 10:** neste item, você irá conceituar de 0 a 10 a sua autoestima, autoimagem, autoconfiança, autoaceitação e autodomínio na área profissional;

**Estado emocional:** você colocará o sentimento que define o seu estado emocional para autoestima, autoimagem, autoconfiança, autoaceitação e autodomínio até agora (exemplo: estou feliz, estou satisfeita, estou elevada, estou em baixa).

**Minha nova atitude será:** nesta parte, você escreverá quais serão as atitudes que terá daqui em diante para ressignificar a sua história na área profissional.

**Agora reflita e responda:**

1. Quais as imagens e cenas da sua infância que você tem sobre trabalho e profissão?

2. O que você ouviu a respeito desse assunto?

3. De quem era a voz?

4. O que era falado?

5. Quem falava?

6. Quais as sensações que você tem agora?

**Agora a pergunta principal:**

Qual a história **profissional** que você vai contar a partir de agora para você mesma e para o mundo?

**Ser PLENA**

## SER PLENA NA ÁREA FINANCEIRA:

|  | Nota de 0-10 | Estado Emocional |
|---|---|---|
| Autoestima | | |
| Autoimagem | | |
| Autoconfiança | | |
| Autoaceitação | | |
| Autodomínio | | |
| Minha nova atitude será: | | |

**0 a 10:** neste item, você irá conceituar de 0 a 10 a sua autoestima, autoimagem, autoconfiança, autoaceitação e autodomínio na área profissional;

**Estado emocional:** você colocará o sentimento que define o seu estado emocional para autoestima, autoimagem, autoconfiança, autoaceitação e autodomínio até agora (exemplo: estou feliz, estou satisfeita, estou elevada, estou em baixa).

**Minha nova atitude será:** nesta parte, você escreverá quais serão as atitudes que terá daqui em diante para ressignificar a sua história na área profissional.

**Agora reflita e responda:**

1. Quais as imagens e cenas da sua infância que você tem sobre dinheiro, pobreza e riqueza?
2. O que você ouviu a respeito desse assunto?
3. De quem era a voz?
4. O que era falado?
5. Quem falava?
6. Quais as sensações que você tem agora?

**Agora a pergunta principal:**

Qual a história **financeira** que você vai contar a partir de agora para você mesma e para o mundo?

## SER PLENA NA ÁREA SEXUAL:

|  | Nota de 0-10 | Estado Emocional |
|---|---|---|
| Autoestima | | |
| Autoimagem | | |
| Autoconfiança | | |
| Autoaceitação | | |
| Autodomínio | | |
| Minha nova atitude será: | | |

**0 a 10:** neste item, você irá conceituar de 0 a 10 a sua autoestima, autoimagem, autoconfiança, autoaceitação e autodomínio na área profissional;

**Estado emocional:** você colocará o sentimento que define o seu estado emocional para autoestima, autoimagem, autoconfiança, autoaceitação e autodomínio até agora (exemplo: estou feliz, estou satisfeita, estou elevada, estou em baixa).

**Minha nova atitude será:** nesta parte, você escreverá quais serão as atitudes que terá daqui em diante para ressignificar a sua história na área profissional.

**Agora reflita e responda:**

1. Quais as imagens e cenas da sua infância que você tem em relação a sexo, masturbação, desejo, excitação, prazer e orgasmo?
2. O que você ouviu a respeito desse assunto?
3. De quem era a voz?
4. O que era falado?
5. Quem falava?
6. Quais as sensações que você tem agora?

**Agora a pergunta principal:**

Qual a história **sexual** que você vai contar a partir de agora para você mesma e para o mundo?

É provável que você tenha uma certa dificuldade de fluir nessa nova programação relacionada à sua vida sexual, porque é comum muitas mulheres terem algum tipo de bloqueio em relação a esse tema. Para ajudá-la a esclarecer alguns pontos e tirar algumas dúvidas que, porventura, possam existir nessa questão, vamos falar sobre as disfunções sexuais, porque elas atingem a vida de muitas mulheres e homens e atrapalha o relacionamento de muitos casais.

## AS DISFUNÇÕES SEXUAIS FEMININAS

Para comentar esse tópico, trago para você parte do artigo que escrevi para a minha monografia da pós-graduação em psicologia clínica com foco na Análise Bioenergética (LIBERTAS 2014). A pesquisa foi aplicar os exercícios da Análise Bioenergética em mulheres com disfunções sexuais, como: vaginismo, dispareunia, inapetência sexual e anorgasmia, e o resultado foi que a prática da série de exercícios propostos, de fato, ajudou as mulheres com essas disfunções a desbloquearem as couraças corporais e, consequentemente, favoreceu um fluxo de energia corporal, que proporcionou a essas mulheres um restabelecimento de sua sexualidade e melhor qualidade de vida.

## Ciclo da atividade sexual e seus transtornos

Na década de 1960, Masters e Johnson comprovaram cientificamente o ciclo da resposta sexual. Tal ciclo era composto inicialmente de quatro fases: excitação, platô, orgasmo e resolução, processos comuns a homens e mulheres. Porém, na década de 1970, a pesquisadora Helen Singer Kaplan percebeu a necessidade de acrescentar a esse ciclo a questão do desejo sexual, fator diferenciado das demais fases, caracterizado pelo impulso em direção ao sexo, e manifesto antes ou durante o início da excitação. Propôs-se então um ciclo composto de desejo, excitação, orgasmo e relaxamento.

Um modelo mais recente sobre o ciclo de resposta sexual feminina é o proposto pela psiquiatra canadense Rosemary Basson, que é um modelo circular e não linear como os modelos anteriores de Masters & Johnson e Kaplan. Esse modelo consiste em analisar a resposta sexual da mulher baseando-se no conceito de que o desejo feminino é motivado por diversos fatores, entre estes inclui a necessidade de recompensa para que o estímulo seja acionado, essa recompensa pode ser por motivações materiais e/ou emocionais.

O modelo utilizado para classificação das disfunções sexuais é baseado no modelo de Kaplan, que consiste em: desejo, excitação, orgasmo e relaxamento. Quando ocorre uma alteração em uma ou mais dessas fases da resposta sexual, temos o que chamamos de disfunções sexuais feminina. São elas:

- Inapetência e aversão sexual, relacionadas ao desejo;
- Anorgasmia, relacionada à excitação e orgasmo;
- Vaginismo e dispareunia, relacionados a dor na relação sexual.

**Inapetência sexual e aversão sexual:** também chamada de Transtorno do Desejo, a inapetência sexual é quando a mulher tem dificuldade de ter desejo sexual, de fazer sexo ou mesmo iniciar a atividade sexual. Ainda existem aquelas que tem uma completa repulsa ao sexo, não conseguindo sequer iniciar a atividade sexual, isso se chama aversão sexual.

**Anorgasmia:** é a disfunção relacionada à excitação, em que a mulher tem dificuldade de atingir o orgasmo. É de difícil tratamento, pois tem uma relação direta com questões psicológicas, com medo de se entregar na relação sexual e permitir que o processo de excitação chegue ao seu ápice.

**Vaginismo e dispareunia:** o vaginismo é uma disfunção muito comum, que se caracteriza pela contração involuntária da musculatura vagina quando ocorre a possibilidade de uma penetração, e essa contração muscular é motivada pelo sentimento de medo da dor. Já a dispareunia é a dor na penetração vaginal, motivada por uma causa orgânica, seja por uma infecção ou por um processo inflamatório crônico, que tem como exemplo mais comum a endometriose.

## Entendendo um pouco mais sobre as disfunções sexuais:

Sobre o desejo hipoativo, inapetência sexual ou baixa de libido, que significam a mesma coisa, muitas mulheres estão aceitando que é NORMAL. E não é normal! E quando pergunto como está a frequência sexual, quantas vezes por semana ela faz sexo, a resposta campeã é que ela não tem vontade nem disposição para o sexo.

E o que está acontecendo?

## WANICLEIDE LEITE

Na minha percepção, a mulher está com a mente muito ocupada com outras preocupações, fazendo com que não sobre espaço para pensar em sexo, e isso faz com que ela tenha uma deficiência ou ausência de fantasias sexuais. São essas fantasias, o imaginário, que aciona a vontade de ter uma atividade sexual. Escuto expressões do tipo: "doutora, para começar o ato sexual é um tormento, fico fugindo de ir para o quarto", "espero que meu(a) parceiro(a) durma e fico inventando dores de cabeça e outras desculpas, mas depois que começa, até que fica bom, o difícil é começar".

Nos atendimentos da terapia sexual, quando a mulher vem com essa queixa, procuramos descobrir quais as possíveis causas desse desinteresse sexual. Em um percentual muito baixo está relacionada a causas orgânicas, como: diminuição dos hormônios sexuais, depressão, ansiedade generalizada, fibromialgia, entre outras, mas a maioria das causas estão ligadas ao relacionamento e outras questões psicológicas.

Muitas mulheres esperam e até desejam que o problema da preguiça sexual esteja relacionado a questões orgânicas, pois isso seria resolvido com medicação. Mas, para a frustração dessas mulheres, a causa dessa inapetência sexual está relacionada ao desgaste da relação, a acomodação de ambos, falta de renovação do contrato da relação, problemas financeiros, problemas domésticos, estresse com a educação dos filhos, rotina diária corrida, falta de prioridade para o casal, mágoas por infidelidade, violência doméstica, entre outros. Ainda existe os casos das mulheres que parecem ser assexuadas, pois revelam que nunca tiveram vontade de fazer sexo.

A solução para essas causas é questionar a cliente quais os pilares do relacionamento, ou seja, o que sustenta a relação dela e se vale a pena investir no relacionamento. Se valer a pena investir, a proposta de trabalho terapêutico é construirmos estratégias para resolver o que está causando essa disfunção.

Para você que está com preguiça, desanimada para o sexo, mas vale a pena investir no relacionamento, o que recomendo fazer de imediato é pensar em sexo várias vezes ao dia, para construir um imaginário sexual e para que o corpo comece a responder a esse estímulo.

Preciso fazer algumas considerações sobre o vaginismo, porque é uma disfunção de grande relevância por sua frequência e sofrimento que ela causa à mulher antes que ela consiga chegar ao profissional adequado para orientá-la sobre o tratamento.

Só repetindo o significado de vaginismo, que é a dificuldade total ou parcial da mulher ter uma relação sexual com penetração vaginal. Essa disfunção sexual se caracteriza pelo reflexo de defesa da musculatura do assoalho pélvico (pubococcígea) que contrai impedindo a penetração peniana ou o exame ginecológico. O medo da dor é a principal queixa.

Friedman em "Virgens Wines" (1962), descreve as personalidades das mulheres que sofrem de vaginismo e designou três tipos psicológicos de mulheres vagínicas:

- **Walkirias:** escolhem homens fracos, gentis e resignados, que podem ser manipulados. São autoritárias, com conflitos entre amor e agressividade;

- **Bela Adormecidas:** a sexualidade dessas mulheres possui conteúdos ligados à fixações infantis. Elas são frágeis e mimadas, e suas fantasias derivam de uma pequena vagina e do medo de serem feridas;

- **Abelhas-rainha:** para estas, os homens são meros reprodutores. Têm conflito entre ser mãe e mulher, não estão interessadas no ato sexual e substituem tranquilamente o pênis pela seringa para uma inseminação artificial. Dificilmente terão relacionamentos heterossexuais ou, mesmo quando têm o relacionamento homoafetivo, não permitem penetração vaginal.

O mais impressionante é que muitas mulheres só procuram tratamentos psicoterapêuticos para o vaginismo quando desejam engravidar. Passam anos casadas, mantendo relações sexuais com masturbação mútuas e sexo oral, de forma que o parceiro se acomoda com a situação, até que o desejo de terem filhos é o que os motiva ao tratamento.

A anorgasmia é uma disfunção complexa, pois apresenta componentes psicológicos, principalmente relacionados ao medo e à falta de confiança em si e no outro. É o medo de se entregar às sensações do corpo. Esse medo inconsciente não permite que o corpo sinta as sensações, a vibração e o fluxo de energia produzidos pela excitação sexual.

Nas disfunções sexuais é comum as queixas de dores musculares, tensões, fadiga e falta de energia. Essas queixas me motivaram a realizar a pesquisa de aplicar uma série de exercícios da Análise Bioenergética com o objetivo de facilitar o fluxo de energia e promover um relaxamento corporal, e dessa forma auxiliar no tratamento terapêutico das disfunções.

## PROPOSTA DE EXERCÍCIOS BIOENERGÉTICOS NO TRATAMENTO DAS DISFUNÇÕES SEXUAIS:

A proposta é convidar você a realizar um desafio:

Durante três semanas seguidas, reserve alguns minutos e realize os exercícios a seguir, mesmo que você não apresente nenhuma disfunção sexual no momento. Faça a série, pois, no mínimo, você estará aumentando o fluxo de energia no seu corpo e oxigenando suas células, isso vai aumentar a sua imunidade e produzir rejuvenescimento, porque você vai eliminar radicais livres e, consequentemente, irá melhorar o seu humor.

## Primeiro exercício (respiração e grounding):

Ficar de pé em *grounding* (postura em pé com os pés afastados de 20 a 25 cm um do outro e os joelhos semi-flexionados) e realizar a respiração abdominal, permitindo o corpo vibrar.

- Dedique 10 minutos do seu dia: cinco minutos ao acordar e cinco minutos antes de dormir;

- Essa postura permite a vibração das pernas, que é uma forma muito saudável de mover as energias dos pés até a cabeça;

- Inspire pelas narinas, leve o ar para o abdômen e expire todo o ar jogando o ar pela boca, esvaziando todo o pulmão.

**Segundo exercício (postura do arco):**

É uma outra forma de fazer o *grounding*. De pé, com os pés separados 20 a 25 cm e joelhos semi-flexionados, colocar ambos os punhos fechados com os polegares voltados para cima, na linha da cintura. Dobrar os joelhos o tanto quanto puder sem levantar os calcanhares do chão. Arqueie-se para trás, dobre os punhos e tenha atenção para que o peso do corpo continue sobre o peito dos pés. Faça a respiração abdominal profunda durante o movimento. Veja o exemplo:

Figura 1

Para compensar a postura do arco, realize também o arco invertido, que é jogar o corpo para a frente, conforme a figura:

Figura 2

---

Figuras do livro "Exercícios de bioenergética: o caminho para uma saúde vibrante" – Alexander Lowen e Leslie Lowen; [tradução de Vera Lúcia Marinho, Suzana Domingues de Castro]. São Paulo: Agora, 1985.

Essa postura é muito relaxante para a musculatura das costas, porque produz um alongamento e também facilita a vibração nas pernas. Essa vibração é um movimento involuntário da musculatura. Um corpo sadio está em constante estado de vibração, esteja desperto ou dormindo, porém, as tensões do dia a dia enrijecem os músculos dificultando essa vibração, por isso é importante provocarmos essa vibração pelo menos duas vezes ao dia.

No momento do exercício de *grounding* invertido, é importante prestar atenção para alguns detalhes:

- Deixe os pés separados em cerca de 20 a 25 cm;

- Posicione os pés ligeiramente voltados para dentro, de modo que facilite o alongamento dos músculos das coxas e nádegas;

- Incline-se para frente tocando o chão com os dedos das duas mãos;

- Os joelhos devem estar ligeiramente dobrados;
- Não deve haver peso algum nas mãos;
- Todo o peso do corpo deve cair nos pés;
- Deixe a cabeça pendurada o máximo possível;
- Respire vagarosamente e profundamente pela boca;
- Deixe o peso do corpo ir para frente, de modo que ele caia no peito dos pés;
- Os calcanhares podem ficar um pouco erguidos;
- Estique os joelhos devagar até que os músculos posteriores das pernas estejam esticados;
- Permaneça nesta posição cerca de um minuto;
- Aguarde a vibração que acontecerá espontaneamente;

- Retorne lentamente e levante o corpo até a posição ereta, com os joelhos levemente dobrados;

- A cabeça é a última a subir;

- Relaxe e respire;

- Sinta a continuação da vibração nas pernas jogando a pélvis para frente, aumente o arqueamento do corpo para uma percepção maior da vibração.

**Terceiro exercício (movimento pélvico):**

- **Lado a lado:** continue de pé em *grounding*. Balance a cintura, deslocando a pélvis de um lado para o outro, colocando o peso do corpo de um lado sem tirar o pé do lado oposto do chão (como se fosse a batida lado a lado da dança do ventre). Repita várias vezes o exercício.

- **Movimento pélvico para frente e para trás:** mantenha a posição do exercício anterior, mas agora balance a pélvis para frente e para trás.

- **Rabinho de pato:** mantenha os pés separados de 20 a 25 cm, joelhos ligeiramente flexionados e o peso do corpo sobre o peito dos pés. Desloque o peso para frente dos pés, sem levantar os calcanhares, arrebitando as nádegas e apoiando as mãos nos joelhos. Mova as nádegas de um lado para outro sem balançar as pernas e o tronco. Deixe a respiração livre.

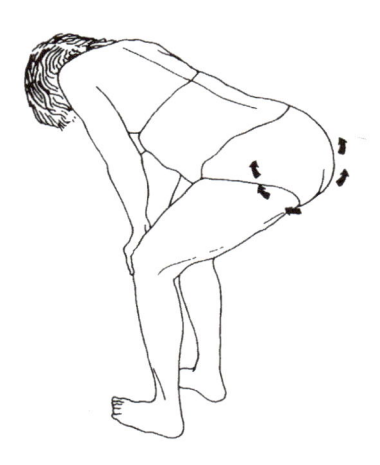

Figura 3

- **Rotação dos quadris:** retorne à posição de *grounding*, mantenha os pés separados de 20 a 25 cm, joelhos ligeiramente flexionados e o peso do corpo sobre o peito dos pés. Coloque as mãos nos quadris e gire num círculo da direita para esquerda envolvendo o tronco, e o mínimo as pernas. Após alguns giros inverta a direção (movimento de bambolê).

Figura 4

Durante a aplicação desses exercícios, em minhas pacientes de terapia, obtivemos resultados não apenas nas disfunções sexuais, mas também inúmeros benefícios para a saúde, como: melhorias na qualidade do sono; prevenção das doenças do assoalho pélvico, como incontinência urinária e prolapso do útero; melhoria da TPM e cólicas menstruais; auxiliou no controle dos sintomas do climatério e menopausa, como os fogachos e ressecamento vaginal; e ajudou no tratamento da constipação intestinal.

Convivendo diariamente há quase 30 anos com mulheres das mais diversas faixas etárias e com diferentes conflitos, senti a necessidade de me estender neste capítulo sobre a sexualidade por perceber que as maiores travas da vida das mulheres estão relacionadas à área sexual, e essas travas influenciam diretamente nas demais áreas de sua vida. Tenho convicção de que, uma vez que esses desafios são resolvidos, o caminho da plenitude torna-se mais próximo.

Para concluir essa jornada do autoconhecimento, que consiste em entrar em contato com nossas dores, vivenciá-las, aceitá-las, resolvê-las e seguir adiante, convido você para a próxima etapa da busca pela plenitude, que é vivenciar a jornada do autoconhecimento.

# Capítulo 6

"A prática diária, persistente e contínua do perdão e da gratidão me abastece, me dá força e energia, e dessa forma posso continuar a jornada em busca de me autoconhecer."

## Capítulo 6
## CONCLUINDO A JORNADA!

Desde o retorno daquela viagem a São Paulo, venho trabalhando a minha reprogramação. No início do ano de 2019, participei de uma vivência que ampliou minha percepção em relação à minha história. Naturalmente, sentimentos de compaixão vêm tomando conta do meu ser. Quero compartilhar com você o que chamo de vivenciar a jornada. Claro que o processo de autoconhecimento é contínuo e a reprogramação é necessária diariamente. A conclusão da jornada é o perdão e a gratidão.

É muito comum querermos a "receita do bolo" para facilitar o nosso processo de autoconhecimento. E procurando essa receita para mim, descobri que a maneira de me manter conectada comigo mesma e não perder o foco do meu desenvolvimento pessoal é a pratica diária, persistente e contínua do PERDÃO e da GRATIDÃO.

Alguns esclarecimentos sobre o significado das palavras perdão e gratidão:

## PERDÃO

Encontrei no dicionário da língua portuguesa a seguinte definição para o perdão: "ato pelo qual uma pessoa é desobrigada de cumprir o que era de seu dever ou obrigação por quem competia exigi-lo".

O mais interessante é que essa pessoa que cometeu o delito e precisa ser desobrigada a cumprir a "pena", na maioria das vezes, somos nós mesmas. E por aprender a nos punir e nos culpar, é que aprendemos a culpar e a punir os outros.

Segundo, de tanto a criança se sentir culpada e incapaz de agradar, ela não suporta tanta pressão de se sentir uma pessoa má, então, como mecanismo de defesa, a criança cria uma historinha para si mesma, a fim de aliviar a sua culpa, e passa a transferir a culpa para os outros, encontrando justificativas que a deixe confortável com o adulto e dessa forma garante esse amor que a criança tanto precisa.

Nos tornamos adultas e continuamos repetindo esse padrão ilusório, que para garantir que o outro nos ame, temos que ser perfeitas, e só existe uma forma de ser perfeita, se a culpa for dos outros, mas nem sempre mantemos a enganação para nós mesmas.

Por isso é necessário nos perdoar e também perdoar os outros. Os outros nos culpam e nos fazem mal pelo mesmo motivo que nós os culpamos e fazemos mal a eles.

Entendendo essa dinâmica, fica fácil entender que perdoar é uma questão de inteligência. Segue uma técnica para trabalhar o perdão que gosto de usar nos meus treinamentos.

## TÉCNICA PARA A LIBERAÇÃO DE PERDÃO

**1º PASSO:** traga à sua mente um acontecimento e/ou pessoa que provocou um grande desconforto ou prejuízo emocional e até físico em sua vida. Imagine essa pessoa na sua frente;

**2º PASSO:** dentro da sua visualização, no seu pensamento, converse com essa pessoa e diga para ela tudo que você nunca conseguiu dizer antes. Fale mentalmente sobre a sua dor, o quanto ela o prejudicou e o quanto você guarda mágoa dela. Imagine você batendo, esmurrando, gritando e falando palavrões a essa pessoa. Deixe as emoções fluírem: seja raiva, ódio, tristeza, medo. Se quiser chorar, chore. Lembre-se de que a mente não detecta se as cenas da sua imaginação são reais, para a mente tudo é realidade. Dê o tempo que precisar;

**3º PASSO:** agora respire fundo... Quando estiver se sentindo calma, neste momento, você diz para ela que está escolhendo liberá-la de sua vida;

**4º PASSO:** visualize essa pessoa se afastando de seu entorno. Pergunte se ela tem algo a lhe falar, se sim, escute com amor. Se não tiver, deixe-a ir e diga que a partir deste momento você está a liberando para sempre;

**5º PASSO:** depois desse exercício, se pensar nessa pessoa, emita luz para ela e prometa a si mesma que nunca mais vai se referir a ela com raiva ou com ressentimento.

É incrível como o coração se abre para o sentimento de gratidão após a liberação do perdão, pois, no ato de perdoar o maior beneficiado é quem libera o perdão.

> "Perdão é uma questão de inteligência."
> Dr. Lair Ribeiro

## GRATIDÃO

Segundo o dicionário da língua portuguesa, gratidão "é o sentimento de reconhecimento de uma pessoa por alguém que lhe prestou um benefício, um auxílio, um favor etc".

Nunca a gratidão foi tão evidenciada como atualmente. Esse fato se dá à necessidade das pessoas se relacionarem cada vez mais e às conexões positivas, que proporcionam uma necessidade de ser grata. A prova disso é que bem recentemente surgiu um termo novo e muito oportuno para definir a ajuda mútua entre as mulheres, que é a sororidade. Esse conceito de união e aliança entre as mulheres torna-se cada vez mais possível com a prática do exercício da gratidão.

O sentimento de gratidão, que se caracteriza pelo ato de entrega e doação, gera empatia, compaixão e vontade de estar junto e são esses sentimentos que compõem a sororidade.

Bem recentemente tive a oportunidade de ouvir sobre gratidão: foi na colação de grau do curso de medicina do meu filho

## WANICLEIDE LEITE

Walter, onde o paraninfo da turma, o meu querido ex Professor Dr. Cláudio Sérgio de Medeiros Paiva, proferiu o seu discurso sobre gratidão segundo São Tomás de Aquino.

Disse: "o grande filósofo e doutor da Igreja Católica, São Tomás de Aquino, escreveu o *Tratado da Gratidão* em que define os três níveis de gratidão:

> **1- Nível superficial:** é racional, a pessoa presta ao outro apenas um reconhecimento por sua atitude.
>
> **2- Nível intermediário:** é que dá graças, agradece, louva àquele que lhe ofertou algum benefício.
>
> **3- Nível profundo:** é o nível do comprometimento com a pessoa que lhe prestou um benefício. Cria-se uma vinculação".

Dr. Claudio também lembrou que somente a língua portuguesa possibilita agradecer de um modo mais profundo, pois o "OBRIGADO" traz o sentido da obrigação, gera um comprometimento, um vínculo. E em idiomas como o inglês e o alemão o agradecimento acontece em um plano intelectual: "Thank you" e "zu danken", já nos idiomas italiano ("grazie") e espanhol ("gracias"), traz o sentido de agradecimento em um segundo nível, dando graças pelo benefício recebido.

Pensando em motivar você a praticar a gratidão e experimentar esse sentimento na pele, segue um exercício:

**1º passo:** imagine um momento na sua vida em que você passou por uma grande dificuldade e uma pessoa estendeu-lhe a mão;

**2º passo:** visualize essa pessoa à sua frente e diga o quanto ela a ajudou e que você é muito grata por isso;

**3º passo:** visualize você a abraçando e deixando fluir todo o sentimento de amor do seu coração;

**4º passo:** por último, se possível, faça um telefonema, passe uma mensagem ou, até mesmo, visite essa pessoa e fale o quanto ela ajudou em sua vida e o quanto você se sente grata por isso.

Repita esse exercício sempre que possível, dessa forma você estará permitindo que a energia da gratidão possa fluir no seu corpo e você passe a ser vista pelos outros como uma pessoa grata, pois o sentimento da gratidão é um dos pilares mais importantes para a prosperidade e para a felicidade.

Com essas duas poderosas técnicas do perdão e da gratidão, você estará pronta para viver uma vida plena todos os dias, poderá contagiar com a sua luz todos os que a cercam e ser um exemplo de mulher que pode, sim, ser tudo o que nasceu para ser, ou seja: SER PLENA!

Desejo a você uma vida longa, próspera e saudável, com muito amor e gratidão!

## RESUMO

Com a leitura deste livro, você teve a oportunidade de vivenciar uma experiência extraordinária. Para ajudá-la nessa jornada, segue um resumo do nosso conteúdo:

Ser Plena é possível! Para isso é necessário abrir o seu coração para o autoconhecimento, aceitar os seus múltiplos papéis, compreender a formação da sua autoestima e autoimagem, realizar os exercícios para entrar em contato de forma consciente com as suas emoções básicas e experimentar corporalmente a química das emoções.

No papo íntimo sobre sexo, você teve a oportunidade de autoconhecer o seu corpo, aprender sobre a anatomia e fisiologia dos órgãos envolvidos diretamente com a sua sexualidade, além de aprender tudo o que você precisa saber sobre sexo.

Ao longo dos capítulos, você pôde conhecer sobre sua programação mental e a diferença entre padrões de pensamentos e modelos mentais, também teve a oportunidade de experimentar os conceitos de autoconfiança, autoaceitação e autodomínio, podendo aplicá-los daqui em diante em sua vida.

Para o exercício da reprogramação mental, foi oferecido a você o ciclo vicioso da semeadura, e o novo ciclo da semeadura. Como ferramentas de reprogramação, você aprendeu sobre os conceitos de paradigmas, crenças e princípios, e a mudança de percepção como chave para o autoconhecimento.

Uma das mais poderosas formas de mudanças é contar para si uma nova história, e você recebeu neste livro ferramentas para contar uma nova história profissional, financeira e sexual.

Para contribuir com a sua nova história sexual, você recebeu como bônus conteúdos científicos sobre essas disfunções e os exercícios da análise bioenergética para desbloquear as disfunções sexuais.

Para concluir, você recebeu duas pérolas poderosas para continuar vivenciando a sua jornada, que são as técnicas para a liberação do perdão e o exercício da gratidão.

Desejo a você, querida mulher PLENA, muita Paz e bênçãos do Céu!

# REFERÊNCIAS

BERCELI, David. *Exercícios para liberação do trauma*. Recife: Editora Libertas, 2007.

CAVALCANTI R, CAVALCANTI M. *Tratamento clínico das inadequações sexuais*. São Paulo: Roca; 1992.

CAVALCANTI, R. *Manual prático de tratamento clínico das disfunções sexuais*. São Paulo: Roca, 2012.

GOLEMAN, Daniel. *Foco: a atenção e seu papel fundamental para o sucesso*. Rio de Janeiro: Objetiva, 2013.

_____. *Inteligência emocional: a teoria revolucionária que redefine o que é ser inteligente*. Rio de Janeiro: Objetiva, 1995.

GRANT, Adam. *Dar e receber: uma abordagem revolucionária sobre sucesso, generosidade e influência*. Rio de Janeiro: Sextante, 2014.

GUEST, Diana. *A bioenergética e uma visão paradoxal da sexualidade: como o desenvolvimento caracterológico está relacionado com a vida erótica atual*. In boletim clínico do IBA-Congresso, 2005.

LOWEN, Alexander. *Bioenergética*. São Paulo: Summus Editorial, 1982.

_____. *O corpo em terapia: a abordagem bioenergética*. São Paulo: Summus Editorial, 1977.

_____.; LOWEN, Leslie. *Exercícios de bioenergética: o caminho para uma saúde vibrante*. São Paulo: Ágora, 1985.

MURPHY, Joseph. *O poder do subconsciente*. Rio de Janeiro: Record, 1993.

REICH, W. *A função do orgasmo*. São Paulo: Editora Brasiliense. 1942: 1975.

_____. *Análise do caráter*. São Paulo: Martins Fontes, 1994.